U0910295

〔日〕白水纪子　著
尹凤先　关　豪　译

# 中国女性的20世纪
## ——近现代父权制研究

吉林文史出版社

**图书在版编目（CIP）数据**

中国女性的20世纪：近现代父权制研究／（日）白水纪子著；尹凤先，关豪译．—长春：吉林文史出版社，2019.2

ISBN 978－7－5472－5903－0

Ⅰ.①中… Ⅱ.①白… ②尹… ③关… Ⅲ.①妇女问题－研究－中国－20世纪 Ⅳ.①D669.68

中国版本图书馆CIP数据核字（2019）第027392号

**中国女性的20世纪：近现代父权制研究**

**ZHONGGUO NVXING DE 20 SHIJI：JINXIANDAI FUQUANZHI YANJIU**

---

著　　者／［日］白水纪子
译　　者／尹凤先　关　豪
策划编辑／王　炜
责任编辑／王明智
封面设计／人文在线
出版发行／吉林文史出版社
地　　址／长春市福祉大路出版集团A座　　邮　　编／130117
网　　址／www.jlws.com.cn
电　　话／0431—81629375
印　　刷／廊坊市海涛印刷有限公司
开　　本／710mm×1000mm　16开
字　　数／141千字
印　　张／9
版　　次／2019年4月第1版　2019年4月第1次印刷
书　　号／ISBN 978－7－5472－5903－0
定　　价／38.00元

# 目　录

## 第二编

# 序　章
# 中国女性的两大形象

## 一、“强大的女性”和“弱小的女性”

中国女性是十分强大的。的确，仅汉代的吕后和唐朝女皇武则天便足以证明中国女性对权力的疯狂执念和排除异己时的残暴。近代时期的秋瑾、向警予、蔡畅等女性革命家以及在社会主义中国“撑起半边天”的无数新时代女性，也充分展现了中国女性顽强拼搏、不屈不挠的精神。而且在日常生活及文学作品中，也经常出现在吵架方面毫不逊色于任何国家并具有烈性子的“强悍”的中国女性。虽然“强大”一词所包含的语义丰富多样，但“强大的中国女性”这一形象绝对不是毫无根据、空穴来风。

然而，也有人说中国女性是“软弱”的。之所以说其“软弱”，并不是指其性格、意志软弱，而是指她们是在传统中国的苦难中成长起来的“弱小的女性”。

针对中国女性这两种截然不同的形象，如何进行理论分析与说明呢？本书基于这一简单的疑问展开了撰写。

## 二、中国的父权制

在进入正文前，作者仅就讨论中数次提及的父权制（patriarchy）这一专业术语的基本概念及中国父权制的特色，简单阐述一下个人的见解。

父权制是基于20世纪70年代后的女权主义理论结构所产生的新概念。父权制，即针对性别和代际差异所导致的权力不均衡，固定分配每个个体的角色与作用的社会规范与社会关系的总和❶。其本质是男性处于支配地位、女性处于从属地位（性别支配）和长辈支配晚辈（代际支配）的社会体系。所以父权制这一概念不仅仅局限于有关家庭和家族内的问题，还适用于社会全体的权力分配及性别差异等相关问题。由于历史及空间的差异，其特色也不尽相同。

在讨论中国的父权制时，由于传统的家族制度一直存续到民国时期，所以有时父权制和家族制度会被结合起来讨论。但从理论性的结构上来讲，当然是对父权制的讨论更加全面。在作者看来，中国的父权制不仅在性别支配或性别差异导致的两性角色差异方面具有强有力的功能，和西欧社会相比，它在代际支配上也发挥着巨大作用。

在中国的父权制研究中，涉及性别支配和两性差异的研究十分丰富，但就作者所知，关于代际支配的先行研究极少。正如上野千鹤子所指出的那样，“现在的女权主义中还未对代际支配问题进行明确表述……如果缺失了关于父权制压迫下的另一当事人——孩子的相关研究，以及由此女性也许会成为压迫者的相关研究，那么，女权主义的父权制理解只会成为片面的”❷。目前，西欧国家和日本的相关研究也存在这种倾向。因此，本书的第一部分试图以代际支配，特别是女性支配为焦点进行考察与探讨。其中包括母亲压迫女儿或儿媳的女性间的压迫。对此，或许会有人担心，认为关于性别支配问题的研究尚处于起步阶段，现在提出“女性间压迫”为时过早，或者认为这样做不就是让那些对女权主义的男性攻击厌烦的人们“放松”了而已吗？但是，本书之所以将研究重点放在母亲导致的支配问题上，是由于中国女性不仅受到男性的压迫，也受到上一辈的女性带来的双重压迫。这样的现实是不容忽视的，而这或许就是导致中国女性拥有两种

---

❶ ［日］瀬地山角．東アジアの家父長制［M］．劲草书房，1996：45. 在女权主义中，关于父权制的基本概念有许多说法。本书引用的瀨地山角的观点是在总结各方理论共同点的基础上得出的。关于父权制的概念，［日］上野千鶴子．家父長制と資本制［M］．岩波书社，1990. 指出物质基础是其发挥支配作用时不可缺少的要素。

❷ ［日］上野千鶴子．家父長制と資本制［M］．（上述注1）105～106.

截然不同的形象的原因。滋生出这种女性压迫的多重性的代际支配，也是在研究中国父权制时无法避免的课题。

无论哪个国家，都存在手握支配权的所谓的“强大的女性”，但在探究其原因时，往往会将其视为一种个别现象，认为主要与该女性的强烈的个性和性格、特殊的机遇息息相关。确实，家境殷实的女性以及嫁入这样家庭的女性，拥有更多掌握权力的机会，而且同等家境下，有的女性能够成为支配者，而有的女性却沦为被压迫者，这和其自身性格也有很大关系。但本书想要阐明的是，当女性想要无限满足自身的权力欲望时（如同并非所有男性都是明显的压迫者那样，也并非所有的女性都有十分旺盛的权力欲望。因此，当女性十分渴望权力时），在当时的社会结构下，怎样的程度是可以允许的？其条件是什么？如果处于结构不允许的社会中，或得益于偶然的机遇，或得益于有利的环境，仅极少数女性能够掌握权力，但在中国社会，社会基层中仍存在握有相应权力的女性，所以这绝不是偶然造成的。把近现代西欧式父权制及中国式父权制从权力分配的侧面来将其图表化时，其结果如下图所示。

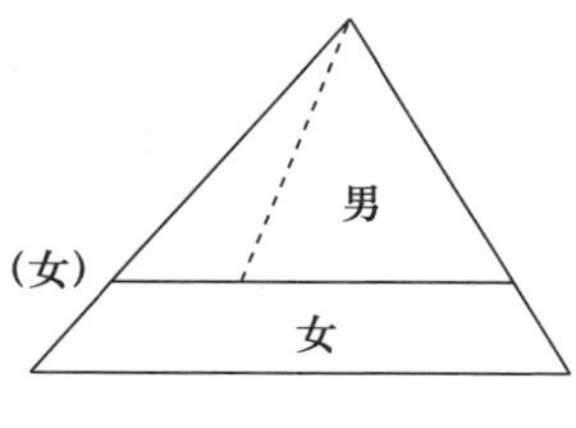


图0－1　西欧式父权制

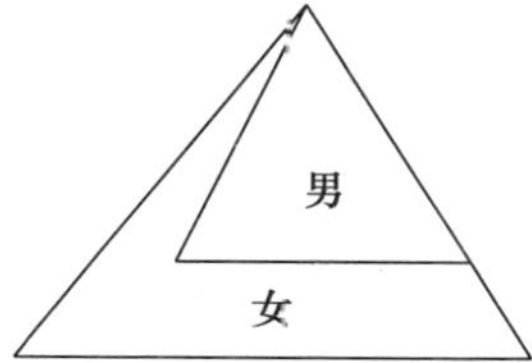


图0－2　中国式父权制

此图的根据将在本书第一章详细说明，在此仅作简单介绍。

在一般的西欧式父权制（见图0－1）中，无权力状态下的女性作为被“男性中心原理”规定出来的女性，占据着表示男性文化领域的三角形的底层部分。而掌握权力的女性，作为男权文化的共谋者或代行者，她们不属于女性范畴，而是被视为男性化的女性，在男性文化领域中用虚线加以区分。而处于三角形底部的多数女性，特别是成为母亲的女性，在和女儿的关系中往往会继续传递这种女性从属于男性的蔑视女性的思想，可以说其成了男权支配思想的奴隶。所以，对于成为男权文化共谋者的处于压迫方的女性的批判，并不是批判女性本身，而是对其内心存在的“男性中心原理”的批判。

尽管图0－1是将近现代视为一个整体进行描述的，但众所周知，在西欧社会，从近代到现代，女性的状况发生了显著的变化。例如，在美国，已婚女性的就业率从1950年的23%，到1999年已上升到72%（如仅看中产阶级的就业率，为80%），“父亲主外，负责工作；母亲主内，负责家务”的两性分工的社会结构正在一步步走向崩溃。而这些新的变化也必然导致家庭内外性别支配结构的变化。或许图0－1的结构早晚将会改写，但就目前来看，其大致结构尚未崩溃，而这也显现了父权制结构的巩固性。

而在作者看来，在中国式父权制（见图0－2）中，掌握权力的部分女性并未男性化，而是以妻子、母亲或最年长的女性的身份，占据着三角形上部的部分领域。他们并没有被排除在女性的范围外，也就是其并未摒弃性别差异而深入男性文化内部，是用实线所显现出来的。而且，其中一部分人甚至能够进入权力的顶层部分。究其原因，主要是因为儒教伦理观已经渗透并影响着中国社会的方方面面❶，而中国的父权制给这部分女性一定地位的真正目的，应该是为了通过她们由内部支撑起父权制结构。然而这些手握权力的女性并不都是十分顺从的合作者，有些人甚至想从内部动摇甚至破坏父权制结构的稳定性，而身处三角形最底部的女性（童养媳、无后女性、寡妇、未婚女子、小妾等），不仅深受男性中心思想的影响，受处于三角形上部的男性的支配，还饱受手握权力的女性带来的同性压迫。

中国的父权制，尤其是城市的父权制，近年来正在朝着西欧父权制结构转变。但在图0－2中，是以整个中国为对象，将近代到现代作为一个整体概括来提示的。

就日本来看，尽管其有着根深蒂固的“母性幻想”，而且其构造难以显现家

---

❶ 本书中虽然频繁使用了“儒教”这一说法，但其主要是指儒教思想体系的四个层次内容中的第四层次的相关内容。［日］佐藤慎一．儒教とナショナリズム．中国——社会と文化［M］．1989－6．将儒教思想体系分为四个层次。第一是作为经典的围绕着儒学解释的理论层次；第二是世界观或认知世界的层次；第三是制度层次；第四是在儒教制度的影响下，中国人在历史中形成的思维模式和行为反应的层次。本书中主要是使用其提出的“儒教的行为方式”的相关内容。其实，影响中国人思想和行为以及伦理规范的相关内容细究起来十分复杂。因此本书暂且使用“传统伦理观”“传统思想”等词汇来表示。

庭内的权力作用❶，但在权力分配的构造上，可以说与西欧父权制结构十分相似。毋庸赘述，女性解放的最终目标是打破所有结构的权力分配的传统模式。

## 三、中国女性的20世纪

在讨论中国式父权制结构下女性压迫的实际情况时，无法将所有女性视为一个整体进行研究。这是由于即使是同一位女性，也由于她作为母亲和女儿、婆婆和儿媳、正房与小妾等身份的不同而产生了地位差异。而且作为女性，其一生也可能经历女儿、妻子、母亲、婆婆（或岳母）、祖母以及妾、寡妇等不同身份，甚至在某一时期身兼数重身份。此外，中国女性的地位不仅仅因身份而改变，对于继承祭祀典礼的嫡长子、嫡长孙的出生的贡献及后嗣的有无等，都左右着其地位的变化。例如，许多正房由于没有生出儿子而遭冷遇，导致自身地位低于拥有后嗣的小妾。但也不得不考虑，在中国有子女须对父母尽孝的传统美德与习惯。所以，即使是女性（即使没有儿子），只要其长寿，她就会受到身为家族长辈应受到的尊敬与礼遇。也就是说，在讨论某一时期中国女性的社会地位与家庭地位时，不仅要考虑到出身、婚后所属的社会阶层、经济状况、地域差别等问题，还应就以上的各个复杂的侧面进行考察。女性压迫的实际情况也需在综合各种理论的基础上进行总结。

本书正是基于这样的认知上，在第一部分对父权制本质之一的代际支配问题进行研究，并将重点放在母亲导致的支配问题上。首先在第一章，以民国时期

---

❶ 和西欧的父权制相比，日本的父权制的特点是两性社会角色差异方面更加固定化。例如，从日本的女性劳动率的“M”型就可以看出，在日本很早就被指出格外强调“母性的社会角色与责任”。因此，在私人领域母亲似乎给人一种权力很大的印象，但事实并非如此。正是由于这种“母性幻想”，导致私人领域的性别支配、性别压迫、代际支配等问题难以显现出来。而且在家庭内部，由于孩子和丈夫的“撒娇”或“任性”之类的内部权力回路（无害权力），导致家庭内部的权力作用也不十分清晰。考虑到这几点，便很难说日本的母亲像中国母亲一样，拥有上位者施与下位者的单方面的支配——服从关系。在本书中，将日本归入西欧的父权制的范畴内。但也有日本女性利用这种“无害权力”大肆宣扬母性，对孩子和丈夫造成压迫。因此，这种情况下母亲的权力拥有怎样的“内容”及“范畴”，是亟待了解的。在［日］江原由美子．フェミニズム論争——七十年代から九十年代へ［M］．劲草书房，1990．收录的关于近现代日本家族的相关论文中，有［日］浅井美智子．〈近代家族幻想〉からの解放を目指して［M］．一文，及关于对西欧与日本的母亲的不同之处的论文，借助克里斯特巴理论展开论述的［日］铃木由美．クリステヴァ理論の可能性［M］．一文可以提供参考。除此之外，研究日本的母性的相关书籍有很多，［日］加纳实纪代．女性と天皇制［M］．思想科学社，1979．和［日］青木やよひ．母性とは何か［M］．金子书房，1986．［日］脇田晴子．母性を問う［M］．上・下，人文书院，1985．等可以作为参考文献。

（1912—1949年）婆婆压迫下位者的儿媳的案件为实例，试图就作者视为中国父权制的一大特色的“母亲的权力”进行理论性的整理。在第二章中，以母亲强迫儿子接受包办婚姻的事件为实例，探讨母亲行使权力的具体方式。在第三章，把母亲中掌握家长实权的“寡妇”作为对象，探讨中国文学作品是如何描写这些“恶魔般的母亲”的？并分析这些作家对于“母亲的权力”的认知与看法。最后，通过以上三章内容，总结出“强大的中国女性”这一形象产生的背景及原因，明确中国式父权制所包含的女性压迫的多重性。

在第二部分，主要就父权制的另一大本质——性别支配进行研究。其主要目的在于不仅在文学中进行研究，同时运用社会学等领域的资料，尽可能地使男性支配女性的实际情况更具体化。首先在第四章中，概述从近代到现代，因守节与再婚这两种完全相反的社会要求而牺牲的寡妇的实际情况，并着眼于中国社会依然残留着的传统伦理规范及支撑其存在的宗族制度，讨论束缚中国女性的有形的和无形的压迫结构。而正是这些传统伦理规范造成了这些寡妇的不幸。在接下来的第五章中探讨在中国有史以来即存在的纳妾制度并介绍了民国时期正房与小妾的情况。并通过以上几章的内容，探讨了中国男权支配的实际情况和问题所在。

从近代到现代，中国的父权制发生了怎样的变化？哪些地方仍尚未改变？而且从女权主义的角度再次看待20世纪的中国女性，是否会有新的发现？让我们在迎来了21世纪的今天，一起回首过去百年间的中国！

# 第一编

# 第一章

# 中国式父权制背景下民国时期“母性的权力”

## 一、问题之所在

在民国时期（1912—1949 年），中国女性的经济地位远远低于当时的世界平均水平。赵凤喈在《中国妇女在法律上之地位》（1928 年）中对妻子的财产权作出了如下描述：

> 民国成立，大理院始认妻得有私财，并认妻之财产，不因离婚而丧失……至是可谓妻之财产权，入萌芽时代矣。盖其就其私产行使权利，尚受夫权之限制。其名义上虽有财产所有权，而实际上无完全处分权……妻于夫之财产，无论夫死后，有子与否，均不得承受也。❶

也就是说，在 1912 年颁布的临时法律中，妻子对私人财产（嫁妆等结婚时女方自带的财产）的部分处置权才得到认可（《民律草案》第 1358 条）。而且丈夫死后寡妇对其财产的继承权，据滋贺秀三《中国家族法原理》❷ 所述：儿子成年（如果没有儿子，则须从丈夫的旁系亲属中过继一个继子）之前，妻子只是

---

❶ 赵凤喈．中国妇女在法律上之地位［M］．上海：商务印书馆，（1928 年第一版、1934 年再版）76 ~ 77.

❷ ［日］滋贺秀三．中国家族の原理［M］．创文社，（1967 年第一版、1976 年第二版）第四章婦女の地位 415 ~ 416.

暂时性地代为保管财产。当时，妻子的经济权及其基础都很薄弱。

1930 年，国民政府颁布的新“民法”首次明文表示保护妻子的继承权，并且承认女儿的继承权。但据奥尔加·朗（Olga Lang）的《中国家族与社会》❶ 所述：《新民法》的使用范围仅限于生活在国际贸易往来发达的大城市的部分家庭，农民对于《新民法》连其存在都不知道。

在很长一段时间内，中国女性基本没有经济权利。但正如滋贺秀三所述：在当时的中国，家庭内部人际关系受礼教限制，子女对父母的“孝”的思想十分浓厚，所以，那些正式纳入儒教家族制度的女性，尤其是正房妻子，在家族内仍然处于十分安定的地位。❷ 也就是说，传统的中国母亲尽管没有物质基础，但仍会通过对子女的传统忠孝教育来支撑男性中心的父权制的存续；尽管其权力受到作为家长的男性（公公、丈夫、男方的年长男性等）的限制，但仍然保有母性的权威。❸

正是基于中国式父权制的这一特色，早在 20 世纪 70 年代，以卢蕙馨（Margery Wolf）❹ 为首的大量文化人类学学者便开始致力于修正对中国女性一直饱受苦难的刻板印象。女性史研究的相关领域也就此问题在进行研究，其中秦玲子所撰写的研究正房与小妾地位的一篇文章就此作出了如下描述：

---

❶ ［美］奥尔加·朗．（Olga Lang）中国の家族と社会［M］．［日］小川修，译．岩波书店，1954：153.

❷ ［日］滋贺秀三．中国家族の原理［M］．（参见注 2）482 ~ 483.

❸ ［日］下见隆雄．孝と母のメカニズム［M］．研文出版社，1997. 指出，在孝的思想如同自发的感情一样深深根植于子女的头脑中的进程中，母亲起到了决定性的作用。下见隆雄从行为的角度考察性，认为其本质是在严厉的命令的背景下的压迫（第 167 页）。但其对母性的认识却是基于荣格的理论，完全从精神层面进行考察。在他看来，母性既有包括疼爱、养育子女的母亲，也包括十分包容、宠爱孙子、孙女的祖母。在儒家社会，祖母并不是孩子在精神上应该克服的对象，而是应该要积极接受（尽孝）的人。虽然此书对作者有极大启发，但作者认为不从行为方面考察母性的权威是十分不充分的。而且下见隆雄认为，在中国社会，母性原理发挥着重要作用，“男性的尊贵地位正是在女性的支持下得以存续的”。也就是说，在男尊原则的内部存在着依靠卑微的女性才得以存立的构造。作者对此并不认同。因为正如此书的书评——［日］小林义广．儒教社会の深層心理を探る．東方［M］．1998 - 6. 所述，即使女性原理在社会内部发挥着重要作用，只要女性在表面的地位是卑微的，那么儒家社会应该会朝着完全相反的方向发展。

❹ 卢蕙馨．（Margery Wolf）Women and the Family in Rural Taiwan［M］．Stanford University Press，1972. 对于 Wolf 的大胆尝试的评价有：［日］桥本太郎．漢民族と中国社会［M］．山川出版社，（1983 年第一版 1987 年第三版）312 ~ 313.；王政．美国女性主义对中国妇女史研究的新角度［M］．（鲍晓兰．西方女性主义研究评价［M］．三联书店，1995.）260 ~ 261.

> 一般看来，除西汉时期的吕后及唐代的武则天等女中豪杰外，饱受压迫是女性的常态。但我想就此提出一些不同看法……前近代中国社会出现的手握政治权力的少数女性并非例外。我认为，其大都是通过运用女性独特的手段活用常态下获得的权力，从而使自身的权力不断扩大。在前近代的中国社会，正房不仅受到同情，而且还被授予代行丈夫意志的权力。从正房的角度来看，只要加上代行丈夫意志的理由，就可以拥有很大的社会权力。❶

由于本书在对代际支配、母性权力的状态进行论证与考察时的基本认识与其见解大体一致，所以作者在此引用其描述。

在近代中国社会，无论哪个社会阶层，在研究那些假借从男性处获得的权力来压迫他人的女性时，这样的见解都是适用的。例如，将视野扩大到普通大众阶层，在近代的中国文学作品中经常会描绘一些手握较大权力并压迫他人的残暴的女性形象。这些女性利用自身权力虐待儿媳、小妾、女儿，并用暴力、监禁等手段强迫子女接受包办婚姻。如把这些女性的行为像西欧社会那样视为是父权制的代理行为，是父权制下的代理战争，那么这些女性的权力就成为男性中心原理下的产物，是受男性委托而获得的，这理应是正确的。但倘若如此，便忽视了这些"假借代理丈夫意志""做了相当权限的事"的女性的行为自发性。

在基督教思想影响下形成的男性为压迫者、女性为被压迫者的结构非常明确的西欧父权制概念是否作为普遍概念适用于中国的父权制？本章先就此问题进行探索与研究。此外，通过理论整理与总结，探讨如何看待在中国的父权制结构中，女性同时具有加害者与被害者的双重角色，甚至可能成为从内部瓦解父权制结构的导火线，以及女性所拥有的权力。

## 二、对童养媳的虐待——萧红的《呼兰河传》

对儿媳尤其是童养媳的虐待是旧中国肉体惩罚的典型案例。这种肉体惩罚一直持续到受害者死亡为止，并为全社会所认可、接受。所谓童养媳，是指以低廉价格购得，并将其作为儿子未来的妻子来抚养的幼女。这种风俗习惯在中国起源

---

❶ 秦玲子．宋代の皇后制から見た中国家父長制［M］．（アジア女性史——比較史の試み［M］．明石书店，1997）299.

很早，早在宋元时期就有相关记录。这种风俗习惯不仅能够尽早确保儿子的终身大事，而且有利于保障家族稳定与存续，并为家族带来了新的劳动力。这种风俗习惯由于能够解决男女双方家庭的经济负担，所以主要盛行于中下层家庭。“从男方家庭来看，能够避免迎娶成年女性所需的高额聘礼，而女方也免于承担养育女儿的费用。从地域来看，童养媳这一风俗习惯的盛行程度也有很大差距。在某些地区，这一风俗习惯十分盛行”❶。

据资料记载，民国时期，有四成的年轻女性沦为童养媳。更有甚者，在江西省、福建省的个别县，有八至九成的女性沦为童养媳。❷ 尽管也有如沈从文的小说《萧萧》（1930 年）❸ 中遇到了好婆婆的幸运的童养媳，但普遍来看，其遭遇是十分不幸的。尽管早在元代就有对虐待童养媳者的惩罚措施，但其受到的虐待依旧惨不忍睹。❹ 对于这些童养媳来说，最恐怖的压迫者无疑就是婆婆。

据谢冰莹的《女兵自传》（1936 年）❺ 所载，在她的故乡——湖南省新化县，采茶女大都是童养媳。她们或因吃不饱饭而骨瘦如柴，或被婆婆用烙铁烫得满身伤疤，或被鞭子打得满脸血痕。其书中描述道，那些童养媳的悲惨状况让作者首次深刻体会到了人生的苦痛。

虽然描写这些童养媳不幸遭遇的书籍有很多，但其婆婆又是以怎样的心理来残忍地虐待她们的呢？

萧红的《呼兰河传》❻ 是一本描写其在故乡——黑龙江省呼兰县的所见所闻及所感的回忆录式作品。虽然也有虚构的成分，但却是带有浓厚的自传式特色的

---

❶ ［日］滋贺秀三．中国家族の原理［M］．（参见注 2）471．详情请参见：調查婚姻底習慣［J］．妇女评论 92 号，1923－5－23．

❷ 江村经济［M］．费孝通/戴可景，译．江苏：江苏人民出版社，1986：39. 1936 年、长江中下游流域（太湖东南岸）的调查记录。原书名为 fei Hsiao-tung. Peasant Life in China［M］. Routledge & Kegan Paul，1939. 以及［日］滋贺秀三．中国家族法の原理［M］．（参见注 2）491．参考资料的注 52．

❸ 沈从文．萧萧［J］．小说月报 21－1，1930－1．

❹ 赵凤喈．中国妇女在法律上之地位［M］．（参见注 1）96．

❺ 谢冰莹．女兵自传［M］．上海：良友图书印刷公司，（1936 年第一版　1937 年第二版）22～24．讲述婆婆对童养媳的虐待的作品还有：谢冰心．最后的安息［M］．（二□）；冯岭梅．（冯铿）一个可怜的女子．（二五）等。

❻ 萧红．呼兰河传［J］．《星岛日报》副刊《星座》第 693～810 号，1940－9－1～12－27．本书引用部分为：呼蘭河の物語［M］．［日］立间祥介，译．（中国现代文学選集七［M］．平凡社，1962．）303、292、288．

作品。此书主要围绕住在主人公家前院儿的胡家展开描述。胡家是做脚夫的，祖孙三代都住在一起，十分热闹。胡家为了解决孙子（长子的儿子）的婚事，就买了一个团圆媳妇，也就是童养媳。她刚嫁过来两三天，婆婆就开始打骂她，而理由仅仅是她在人前不知道害羞，在结婚那天毫不客气地吃了三碗饭而已。而这也是婆婆听前院里住着的其他人说的。他们还说这个团圆媳妇没有做儿媳妇的样子。婆婆就是在这些舆论的影响下，得意扬扬地开始了对团圆媳妇的折磨与摧残。

婆婆即使自己打碎了茶碗，丢了一根针，甚至不小心摔了一跤，裤子破了洞，也是抓过那团圆媳妇就是一顿毒打。可以说，只要她心里有点儿不舒服，就要打骂那团圆媳妇。

那个团圆媳妇不堪每天的折磨，最终病倒了。胡家人都说她是被恶鬼缠身了，周围的邻居们就让胡家人去找个“抽帖儿的”来给她驱恶鬼。下面引用的是书中胡家婆婆去请“抽帖儿的”时，对事情经过的讲述。她还解释说，之所以打骂她，是为了让她有点为人媳妇的样子。

她来到我家，我没给她气受，哪家的团圆媳妇不受气，一天打八回，骂三场。我也打过她，可那是我要给她一个下马威……虽说我打得狠了一点儿，可是不够狠哪能够规矩出一个好人来。我也不愿意狠打她的，打得连哭带叫的，我是为她着想，不打得狠一点儿，她是不能够中用的。有几回，我是把她吊在大梁上，让她叔公公用皮鞭子狠狠抽了她几回，打得是狠了点儿，打昏了过去。可是只昏了一袋烟的工夫，就用冷水把她浇过来了……人在气头上还管得了这个那个，因此我也用烧红的烙铁烙过她的脚心。谁知道，也许是我把她打掉了魂啦，也许是我把她吓掉了魂啦，她一说她要回家，我不用打她，我就说看你回家，我用链子把你锁起来。

然而，邻居们推荐的这种民间疗法对于团圆媳妇来说是另一种摧残，她的病越来越严重了。萧红在此敏锐地描写了那些对迷信深信不疑的人的心理。

还有人说，她曾祖母以前也被恶鬼缠身过，吃了只全毛的鸡就好了。

别人就问她：

"你看见了吗？"

她说：

"可不是……你听我说……"

那人又问她：

"你看见了吗？"

她说：

"哟哟！你这问得可怪，传话传话，一辈子谁能看见多少，不都是传话传的吗！"

她有点儿不大高兴了。

婆婆也知道这些人的偏方都不可靠，有的甚至连药方上的药名都说不清楚，而且"抽帖儿的"的话也不可信，神乎其神。这些事情，婆婆和邻居们也都感觉到了，但这些人不但没有停止，反而更频繁地继续折腾团圆媳妇。

最后，为了驱鬼，团圆媳妇被反复泡在滚烫的热水里，在昏睡中死去了。在此期间，男性的出现只有两个情景。一个是"叔公公"把团圆媳妇吊在梁上用皮鞭抽打的场景，另一个是在团圆媳妇死后，她公公为了得到挖坟埋葬的许可，到主人公家里去的场景。在这一连串的虐待中，都是以作为同性的婆婆为中心展开的。从婆婆让叔公公作为男权代表对团圆媳妇进行管教开始，其虐待行为就正当化、合理化了。也就是说，只要虐待行为被认可为父权制的代理行为，再加上社会习惯和迷信的影响，就能获得周围人的默许和支持，"在手痒时"也就能毫不犹豫地打骂团圆媳妇了。一旦周围人认可其行为是行使父权制的代理权，即使是女性（如果愿意的话），也可以肆意滥用权力。中国式父权制巧妙地利用儒家思想和传统习俗、信仰来巩固自身的统治地位。母性是受害者的同时，也可利用儒家伦理纲常和传统习惯赋予其的"母性权力"来压迫作为下位者的儿媳。夺取这个童养媳生命的，应该就是鲁迅先生在《祝福》（1924 年）❶ 中对祥林嫂的描述及其在随笔《我之节烈观》（1918 年）❷ 中提到的，周围人的所谓善意所导致的"无意识杀人"及"那些不自觉杀人的无名之士"。但不同之处是，在这场

❶ 鲁迅．祝福［J］．东方杂志 21－6，1924－3－25. 收录于：彷徨［M］.

❷ 唐俟．（鲁迅）我之节烈观［J］．新青年 5－2，1918－8. 收录于：坟［M］.

杀人闹剧中，有婆婆这一明显的主犯。

但就这个童养媳来看，为什么她在饱受婆婆虐待时忍气吞声、毫不反抗呢？中国台湾共产党创始人之一的谢雪红就曾在她所撰写的《我的半生记》❶ 中生动地描写了她自身的童养媳经历。她在作为童养媳的五年（1913—1918 年）里，终日承受婆婆的折磨和过度的劳动。最后，在其自杀未遂后，在邻里年轻媳妇们的帮助下终于从夫家逃了出来。她所遭受的虐待没有来自男性，都是来自婆婆一人。即使偶尔公公会暗地里怜悯她，但也任由婆婆对其虐待，从未制止。

据谢雪红记载，她之所以没有反抗婆婆的虐待，一是由于自己是被夫家买来的，但更根本的原因还是由于"她从小就受到封建道德和礼教的影响……应尊敬长辈……所以应对婆婆尽孝"。确实，如若不是以尊敬长辈，侍奉、顺从父母为本质的"孝"的思想渗透到了日常生活的每个角落，儿媳如此默默地忍受暴力摧残实在是太不可思议了。然而，规定着婆媳间上下关系的不仅仅是儿媳自发性的"孝"的思想，"母亲的权力"的作用也不容忽视。婆婆一边炫耀着自身绝对崇高的地位，一边强迫儿媳尽孝。相对于亲情，单看谢雪红对其婆婆感到"恐惧"的心理，便足以说明婆媳间的权力关系。

没有比常常受到家庭暴力更不幸的事情了。简单来看，如果童养媳不懂人情世故的话，把她们送回自己家就可以了。但是对于家境贫寒的家庭来说，对花钱买回来的媳妇（童养媳在正式成婚前就已经拥有媳妇的身份）是绝不可能就这么轻易放手，让其回家的。而童养媳逃跑的话也会受到相应的处罚，所以对于她们来说，只有自杀才能从这种痛苦中彻底解脱出来。谢雪红虽然逃回了哥哥家，但由于没钱赎身，又被卖给了大户人家当小妾。

国民革命时期，国民革命军所到之处只要成立妇女协会，童养媳们就会纷纷加入。至此，婆婆们不当的暴力行为才得以牵制。❷ 在此之后，由于童养媳的悲惨境况众所周知，1931 年由中国共产党建立的中华苏维埃共和国临时中央政府

---

❶ 谢雪红．我的半生记［M］．（谢雪红口述、杨克煌笔录、杨翠华自费出版，台北，1997.）97～117. 此外，陈芳明．谢雪红评论［M］．台北：前卫出版社，1991. 及其日译版：謝雪紅　野の花は枯れず——ある台湾人女性革命家の生涯［M］．［日］森幹夫，译、志賀勝，监修．社会评论社，1998. 中关于其婚姻的介绍由于是《我的半生记》出版前的作品，内容有些出入。

❷ 胡兰畦．胡兰畦回忆录 1910～1936［M］．四川人民出版社，1985：163.

在《中华苏维埃共和国婚姻条例》的第一章第一条便明令禁止童养媳。❶ 但由于革命势力的影响范围和时间有限，直到1950年《中华人民共和国婚姻法》（简称《婚姻法》）的颁布及其之后爆发的大众运动才彻底结束了中国的童养媳历史。❷

## 三、婆婆导致的强制离婚

一般来看，婆媳问题只是行为习惯不同所导致的矛盾，或两个女性对一个男性的三角关系。无论在任何国家、任何时期，婆媳矛盾都是难以解决的问题。但像中国这样，婆婆压迫儿媳、动辄实施暴力的国家在全世界范围内是少有的，❸在不少中国文学作品中都就此作出了大量描述。本书研究在中国已成常态的强大的“母亲的权力”时，婆媳问题是最适合的例子。

多年的媳妇熬成婆。当过去饱受压迫的媳妇成为婆婆时，她又会成为压迫者，摧残其儿媳。但这种压迫的恶性循环并不只存在于女性世界中，过去日本军队里的老兵和新兵之间，或是职场的老人和新人之间也有这样的压迫现象存在。因此对于女性世界中的这种压迫现象，仅仅通过列举相关事例，或是将其视为个人性格相关的问题，抑或是把其作为落后意识的启蒙问题来进行讨论，是无法斩断这种压迫的恶性循环的，我们应从理论结构上阐明在中国为何会有如此众多的母亲们直接参与并积极地纠缠到这种压迫中来。

1948年，中日战争已经结束，中国共产党正在为全国统一而不懈努力。当时韩丁（原名威廉·辛顿）所撰写的《翻身》❹ 一书中，描写了新政府在彻底实

---

❶ 1934年，颁布了《中华苏维埃共和国婚姻法》。江西苏区妇女运动史料选编［M］．江西人民出版社，1982：33、176.

❷ 潘充康［日］園田茂人，监译．変貌する中国の家族［M］．岩波书店，1994：48、88．据其记载，当时山东省和福建省又出现了童养媳，并且成为了社会问题。详情可参考朱晓平．桑树坪纪事［M］．

❸ 就同样深受儒家思想影响的韩国来看，婆婆的权力从未超越长子或丈夫等家长的权力。而且，主妇权一直由婆婆享有，至婆婆死后才传给儿媳。儿媳必须在婆婆的命令和监视下，做各种家务；而且由于过度劳动和吃得不好，所以生活环境非常恶劣。但是正统化婆婆对儿媳的体罚却是少有的。所以和中国相比，朝鲜半岛对于儒家思想的接受似乎更“正统化”。仅是个人拙见，如有不对请多多指正。参考［日］武田旦．韓国家族における嫁と姑［M］．（縁祖と女性——家と家のはざまで［M］．早稲田大学出版部，1994.）、［日］李效再．韓国の家父長制と女性［M］．（アジア女性史——比較史の試み［M］．（参见注7）．

❹ ［美］韩丁．（原名：威廉·辛顿）［日］加藤祐三等，译．翻身［M］．平凡社，1972：61.

施土地分配法和婚姻法的过程中，广大婆婆们对此的困惑和不满。依据新法律，媳妇也享有土地分配权；无论是缔结婚约，还是结婚、离婚都应遵循当事人的意愿。婆婆们对此十分不安，“婆婆们认为媳妇们被赋予的权利是在挑战自己，自己唯一的安全保障受到威胁。依据新法，自己便难以让儿子完全听命于己，也难以控制儿媳”。因此，婆婆们对此极度不满。按照过去的惯例，自己熬成婆婆时，就可以将过去自身在丈夫和婆婆身上受到的压迫施与儿媳。因此，婆婆施加到儿媳身上的这种持续的、未曾间断的关于压迫的连锁构造，成为过去生活在苦难中的女性们的精神性支撑。

和《翻身》中的描述类似，朱迪思·斯泰西（Judith Stacey）在《女权主义者怎么看待中国》[1] 一书中也介绍了在20世纪50年代的“大跃进”时期，妇女被大量投入到农业生产中，并享受平等工资的待遇时，婆婆们对这一政策十分抵抗的情景。

> 反对“大跃进”政策的女性有很多，其中大部分都是在中国近代史中做出了最大牺牲的40岁以上的女性。她们在压迫和解放的循环中，一直处于不幸的地位。现在她们终于熬到了婆婆或祖母的地位——要是在社会主义之前的中国，她们便可安心休养并且被保证了在家庭内的权威不断扩大的地位。而现今，为了让女儿或儿媳去进行集体劳动，她们需要承担起其他家务，并且接受在家族内自身权威的下降。

对此，濑知山角先生指出：“无论政策看起来有多么压迫女性，但总有一部分女性是从中受益的。或者说，若非如此，则该政策或制度便难以长久存续。而这也正是‘解放女性’的最难之处。”[2] 确实，无论是怎样具有压迫性的制度，被压迫一方中总有人从中获益，成为掌权者的爪牙。对于婆婆的虐待行为的默许，也可以被看成作为维持父权制统治的爪牙的婆婆获得的“报酬”。但本书真正关心的是：压迫性制度的受益者或是权力的代行者一般都是掌权者的下位者。但中国的母亲并不是绝对地一直处于丈夫的下位，偶尔是作为丈夫权力的代行者

---

[1] ［美］朱迪思·斯泰西（Judith Stacey）［日］秋山洋子，译．フェミニズムは中国をどう見るか［M］．劲草书房，1990：196.

[2] ［日］濑地山角．東アジアの家父長制［M］．劲草书房，1996：322.

来登场的，有时她们甚至能够威胁并侵蚀“父权”。那么，究竟需要怎样的要素和条件，才能够实现这种可能性呢?

1922年，有一位男性读者在《妇女杂志》的投稿中介绍了其友人被母亲强迫和妻子离婚的情况。❶

这个男性读者在回乡时，村长和邻居友人为了拯救因受离婚打击而罹患疾病的好朋友——示勉，来找他商谈。从他们的谈话中得知，士勉的母亲由于看不惯其媳妇，遇事便鸡蛋里挑骨头。有一天，示勉向父母提出想继续升学，其父十分赞成，而母亲却反对。而当母亲知道这是儿媳的建议时：

> 他母亲当时把媳妇叫来，严加斥责。后来又脱去衣裳饱打一顿。示勉在一旁，立着垂泪。经邻家劝解才罢。从此之后，他母亲待她更加暴虐，非打即骂，甚至一日只给一顿饭。我们不得已劝示勉暂时送她到她母家躲避。谁知他母亲以为示勉偏袒媳妇，有一天竟逼令示勉离婚。示勉再三劝解，他母亲意思坚决，不让他进言。示勉束手无策，只得任他母亲处分。

示勉自此一蹶不振，缠绵于病榻。而那个被迫离婚的媳妇，当他们前去拜访时发现，早就已经死了。

如图1－3所示，是卢蕙馨（Margery Wolf）❷ 所做的关于以中国台湾为代表的中国女性自杀数据的图表。

20世纪上半叶自杀的中国女性明显高于其他国家。卢蕙馨指出，这是由于中国女性在婚后，生育（特别是生出儿子）前基本是非常孤立的状态，而造成这种现象的一大原因就是婆婆的虐待。在过去中国的家族结构中，无后的媳妇和童养媳的身份是最低贱的，而女性压迫的悲剧也往往发生于这个阶层。

《呼兰河传》里的童养媳和谢雪红在受到婆婆迫害时，都没有男性干预。示

❶ 乔思廉．专制家庭的强迫离婚［J］．妇女杂志8－4.（1922－4、专集〈关于离婚的事实及其批评〉中的一篇）

❷ 卢蕙馨．（Margery Wolf）［Women and Suicide in China］（Margery Wolf. and Roxanne Witke. Women and Chinese Society［M］. Stanford University Press，1975：118.）台湾的数据虽然是1905年的，但1905～1935年的30年间，台湾每十年进行一次调查（同书125页），其结果显示基本变化不大。1917年北京的数据（包含自杀未遂，同书139页）也描绘了同样的曲线。此外，对于指出中国自杀的年轻女性异常高于他国的研究有［日］橘樸．支那家族制度の破綻［J］．我等9－2，1927－1.

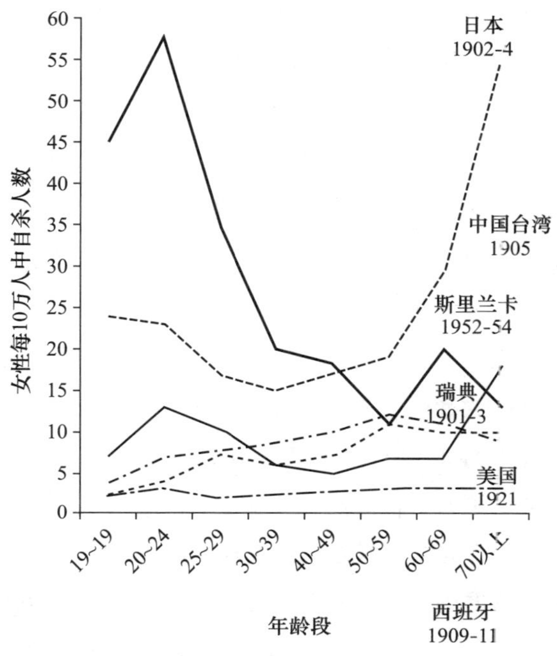


**图 1－3　世界各国女性自杀数据**

勉媳妇的情况也是如此。那么，居于婆婆的上位的、作为家长的公公为什么没有出面劝阻或制止呢？当时，主婚权（决定结婚和离婚的权力）属于父母，尤其是作为家长的父亲掌握着权力，而且在法律上，和妻子离婚是必须取得其丈夫同意的。但在这一连串的事件中，示勉的父亲始终没有露面，而作为丈夫的示勉在妻子被打，被迫和妻子离婚时，除了掉眼泪也没有任何作为。也就是说，在《呼兰河传》里的童养媳、谢雪红和示勉妻子这三个案例中，与其说公公或丈夫由于自身浓厚的蔑视女性的思想而没有庇护媳妇，或是将这几个案例视为由个性刚烈的婆婆引发的个别案件，倒不如说这是婆婆以某种形式从家长处获得了权力代行者的名分，并自发运用，行使了“母亲的权力”所导致的结果更容易让人理解。这也说明，在婆媳关系中，婆婆可以不受丈夫和儿子的干涉，对媳妇拥有绝对的支配权。

1930 年国民党颁布的《新民法》中，加入了“当妻子难以忍受虐待而无法与丈夫同居时，可以离婚”这一具有划时代意义的条例。但据小野和子考证❶，当时大理院作出的解释条例指出，“如若婆婆虐待媳妇，没有使媳妇骨折、残废或身负重伤，其离婚请求不得批准。而且，就算在这种情况之下，若丈夫没有参与到婆婆的虐待行为中来，也不构成离婚理由”。不仅当时由女方提出离婚请求基本是不可能的，而且从解释条例来看，作为媳妇保住自身性命的最后手段的离婚请求权也有名无实。当虐待方只是婆婆一人时，其离婚理由便不成立。从此也能看出这个条例只是有名无实的形式化的一个条例而已。而在现实中，即使媳妇因不堪折磨而自杀，女方家庭虽会要求男方赔偿，但基本也不会诉讼到法庭之上。而且当媳妇被虐待致死时，夫家只要对外宣称病死便可以草草了事。因此，可以说正是限制婆婆虐待媳妇的相关法律规定的缺乏导致了婆婆们愈发丧心病狂。而且，儒家社会认可并赞同这种丈夫和父母运用体罚来教育、惩戒妻子和孩子的生活规范❷。恰恰是这种规范为一个女性从软弱的媳妇成长为残暴的婆婆提供了可能性。但最大的原因是中国式父权制将原本属于家长的对子女的教育权和惩戒权中的一部分以及“对媳妇的监督权”委托给了母亲，而这逐渐成为习俗，母亲早已习惯于独立行使这种“母亲的权力”了。所以，在传统的男权至上的中国社会中，形成了可以不受丈夫和儿子干扰的、女性可以随心行使权力的空间，从而导致儿媳直接受婆婆支配和控制。

林语堂在《吾国与吾民》（1935年）的第五章《女性生活》❸中指出，西洋人虽然总是批判中国女性饱受压迫，但这是他们不了解中国人的生活而做出的错误判断。在中国的家庭内部，女性是一家之主，实际上女性所受的压迫不是来自于男性，而是来自于女性，尤其是婆婆。

就前文提及的三个案例来看，林语堂的见解似乎十分正确。但是，其之所以关心妻子地位的高低及婆婆对儿媳的控制权，是由于其女性观是在肯定当时社会现状的基础上形成的。在其看来，女性与其走入社会被榨取劳动力，还不如待在家里成为母亲，这样女性自身的地位才能提升。但是，在当时的中国，女性受到

---

❶ ［日］小野和子．婚姻法貫徹運動をめぐって［J］．東方学報四九，1977－2：265.

❷ 瞿同祖．中国法律与中国社会［M］．商务印书馆，1947：82～88.

❸ 林语堂．吾国与吾民［M］．收录于（林语堂明珠全集二十［M］．东北师范大学出版社，1994：137～140.）原书名为：my country and My People［M］．Reynal & Hickcook，lnc.（1935－9）.

的压迫既不单单是男性导致的压迫，也不仅仅是女性间的压迫。林语堂认为，丈夫对妻子的暴力行为只是由丈夫个人性格所导致的个别案件，夹在妻子和母亲之间的男性是被同情的对象。其观点缺乏从中国的父权制总体构造的角度对女性受到的压迫的多重性考察。不仅仅是林语堂，在指出中国女性“强大”的文章中的大多数，都缺少对像萧红和谢冰莹那样不仅被男性，更被同性的女性所压迫的女性们的同情，欠缺了对导致悲剧产生的女性压迫的多重性的研究，从而使得其讨论大都仅限于表面。

## 四、母亲的“自我”

那么，在父权制构造中要把所谓的“强大的女性”（母亲、婆婆）放在什么样的位置上呢？让我们先看看女性作家黄白薇的经历和其作品中对母亲和婆婆的形象进行的描述。

黄白薇（1894—1987年）曾被父母强迫接受包办的婚姻，饱受丈夫和婆婆的虐待，为了逃离夫家险些丧命。

在白薇六七岁时，其母亲私自决定了她的婚约，而她的父亲在日本留学长期不在家。母亲仅仅是在看戏回来的路上去李家喝了碗蛋汤，就把白薇的婚事定了。从李家出门后，走不多远，又进入一家，又喝了一碗鸡蛋汤后，母亲把四女儿的婚事也定下来了。

> 家里人都觉得这两件事办得太草率，但母亲一向当家做主惯了，又是黄家兴家立业的功臣，谁也不敢多说什么。母亲很能干，也很专断，几个女儿都由她做主一手送给人家作了童养媳，三妹才两个月就送出去了。后来又硬给独生儿子及侄孙各娶了不称心的大媳妇，造成不只一个子女的婚姻悲剧。❶

白薇16岁的时候，在护卫的监视下，她被强行嫁到了李家。在长篇小说

---

❶ 记录黄白薇的经历的自传体小说：悲剧生涯［M］. 文学出版社，1936. 难以找到，所以参考了在其原作的基础上编著的，白舒荣、何由. 白薇评传［M］. 湖南人民出版社，1983. 本书引用的是其21页内容。从夫家逃出来的黄白薇寄身于南方的亲戚家，可不幸被其父亲得知，白薇为了彻底逃脱，便辗转来到日本。她一边和贫困、疾病作斗争，一边打工并进入东京高等女子师范学校（现御茶水女子大学）学习。在经历和诗人杨骚的虐恋之后，她于1926年回国，并一直作为“左翼作家”活跃在国内。

《炸弹与征鸟》（1928 年）[1] 中，她描绘了作为作者象征的女主角“玥”的地狱般的新婚生活。

玥因为拒绝和丈夫进行性行为，被婆婆和丈夫拳打脚踢。为了防止她逃跑，将她锁在了上锁的房间里。由此，她过上了连下级妓女都不如的生活，被丈夫暴力地强迫性行为。在婆婆看来，“女人的事，不外是：结婚、生子、顺从丈夫。讨她来希望她生小孩子，我错了吗?”[2] 因此，对她来说，儿媳只是儿子的性玩具、只是传宗接代的工具。有一天，玥被打得浑身是血，而此时丈夫和婆婆正拿着斧子朝她砍来。她为了躲避，纵身一跃跳下了山崖。幸运的是，她竟奇迹般地捡回了一条命，从此便南下投身于革命事业了。

刘思谦的《娜拉言说》[3] 对随意决定了黄白薇的婚事的母亲和小说《炸弹与征鸟》中的婆婆做出了如下评价：

> 她的母亲和婆母虽然同为女性，在社会权力结构中却充当了父权命令的代表人、执行者。她们是受虐者兼施虐者，或者说是由多年的受虐者而熬成了施虐者。从她们所代表的权力和在社会权力结构中所处的地位而言，她们对女儿、媳妇已不是女性对女性的压迫，而是以女性之身扮演着既定的“父亲形象”，是站在父权位置上对“他性”的压迫。

在欧美国家，一般将这些滥用权力的女性称为“带有男性生殖器官的女性”或是“男性化的女性”，将其划分到男性权力范畴。之所以这样称呼她们，是由于其视角已经和男性同一化，并且十分自然、正当地接受了以蔑视女性为中心原理的男性价值系统。朱莉娅·克里斯蒂娃（Julia Kristeva）[4] 在其著作《中国的女性》中指出，尽管中国式父权制的特色就是母亲的强大权威性，但她们终究只是扮演者父权的“代行者”的角色，就其自身而言是没有这种权威的。当她们具备这种权威时，她们也就不是其“自我”“本身”，只是被男性权力同化的产

---

[1] 白薇. 炸弹与征鸟［J］. 奔流 1－6～10、2－2～4.（1928－6～10、1929－2～4）后被收录于：白薇作品集［M］. 湖南人民出版社，1985. 但 2－3、2－4 号所载部分被删除了。

[2] 白薇. 炸弹与征鸟［J］.（参见注 30、奔流 1－6）1059.

[3] 刘思谦. 娜拉言说——中国现代女性作家心路纪程［M］. 上海文艺出版社，1993：209.

[4] ［法］朱莉娅·克里斯蒂娃（Julia Kristeva）［日］丸山静等，译. 中国の女たち［M］. せりか書房，1988：128～129.

物。朱迪思·斯泰西（Judith Stacey）也指出，"有一些作为例外的中国女性即使使用了权力，但其实她们自身并不拥有这种权力，只是在某些情况下，受男性委托所获得的"。❶ 在中国的文学研究里也有同样的见解。孟悦、戴锦华所著的《浮出历史地表》❷ 中指出：

> 历史只是父亲的历史，而不是母亲的历史，封建家长式的"母亲"并非母亲，而只是父权意志的化身，若是抽出父亲意志内涵，"母亲"只是空洞能指。

上文提及的刘思谦的文章也有同样的见解。波伏娃的《第二性》（1949 年）也指出，"男性是主体、是绝对的，女性只是客体"。在这一点上，"作为他者的女性"论的观点与其观点不谋而合。

但我认为：对于在中国儒家父权制的背景下成为压迫者的女性，并不能简单地用这一理论来解释其压迫行为。那些肆意使用权力的婆婆或者母亲们真的"不是她们自己"吗？

就黄白薇的母亲来看，丈夫由于在外留学长期不在家，所以她代替丈夫（作为代理家长获得社会认可）作为主心骨处理家族内外各种事情，是作为母亲的分内之事，而其能够一人决定子女的婚事，只是由于丈夫在外，所以由父母拥有的主婚权就全部落到了她的身上。黄白薇的母亲只是将作为常态所被赋予的母亲所拥有的权利和义务作为其"母亲的权力"来行使；其行为也从未受到丈夫的命令和指示，是完全依靠其个人意志的自主行为。而且小说《炸弹与征鸟》中的婆婆是个寡妇，她也只是在行使婆婆对儿媳的"监督权"。其虐待、监禁儿媳等具体行为，是完全依据个人意志和性格所采取的，从未受到作为公法上的家长的儿子的指示和命令。也就是说，在这两个案例中，这两位母亲都是在丈夫不在的情况下，自主地行使被自动赋予的权力，这说明中国的母亲是可以依据自身的意志来采取行动的。

此外，如上所述，把黄白薇的母亲和小说中的婆婆视为是在扮演"父亲的角

---

❶ ［美］朱迪思·斯泰西（Judith Stacey）フェミニズムは中国をどう見るか［M］.（参见注 22），引用部分是 34、40、48 页.

❷ 孟悦、戴锦华. 浮出历史地表［M］. 河南人民出版社，1989：19.

色”也好，还是把其作为家长权力的代行者也好，她们行使的“母亲的权力”是在“男权至上”的男性中心原则下诞生的，但是，母亲们在作为家长权力代行者时，并不是一直都做“被期待的行为”。例如，婆婆管教儿媳、正房监督小妾等都是被视为具有强化父权制的作用的行为。但是像虐待至死等行为，无论是在经济层面考虑也好，还是对于家族的颜面来讲，是带有负面影响的。如若由于“七出”（无子、盗窃、不伺公婆等）中的理由休掉儿媳，从家族的存续这一点来讲，对于维持父权制的统治地位是很重要的。但仅仅因为性格不合、相处不来等理由就虐待儿媳、逼其离婚，是不会强化父权制的。在中国，这些肆意用权的母亲们绝不都是“被利用”而成为家长的爪牙的。

综上所述，父权制背景下的中国的母亲们在以敬爱长辈，顺从、侍奉父母为本质的“孝”的思想的支撑下拥有“母亲的权威”。因此，在妻子由于某些理由被丈夫委托代行权力时，在家族和社会中已经形成了接受其行使权力的环境。从表面看，这种权力是在“父亲的权力”之下，不能超越父权制的范围，但值得注意的是，像对儿媳的监督权、主婚权等受丈夫委托所获得的权力中，一部分权力是由于丈夫不在、默许、不干涉或不关心所获得的。在长久的历史中，这些权力逐渐地被习惯化、常态化，从而成为了实质性的、常态化的母亲的权力。而母亲在行使这些权力时的行为，也不一定全是作为家长代行者“所被期待的行为”。

如上所述，中国和西欧社会的母亲拥有的权力有很大的差异，如若无视这些差异，把欧美的理论作为普遍原理应用到中国，像西欧社会那样，把实施压迫行为的母亲“男性化”，吸收到“父亲的权力”中去，反而会使中国的父权制问题变得模糊不清。

## 五、常态化的“母亲的权力”

正如朱迪思·斯泰西（Judith Stacey）所述，那些滥用权力的女性，如历史上的女中豪杰、小说《红楼梦》中最德高望重的掌权者——贾母等，只是上层社会中的极少数人。但是将视野扩大到普通民众阶层，也有不少女性在肆意使用被赋予的权力，如婆婆对儿媳的残酷虐待。所以在研究中国式父权制时，比起整合理论，明确地了解在现实世界中，从“一时被委托的权力”转化为“常态化的权力”的母亲的权力可以作用的“时间和空间”具体有多少？在清楚了解实

际情况之后，去正确地认识作为父权制中的一个权力构造的“母亲的权力”才是更加重要的。具体分析，是了解那些积极地从男性处争取到“父亲的权力”委托的女性，或是因成为寡妇而自动获得权力的女性们具体有多大的行为自由，及其行为的具体内容，由此来阐明在中国式父权制构造中，不仅由男性，还由这部分被巧妙地纳入进去的女性在其中起到的作用，阐明女性压迫的多重性。

本章紧紧围绕中国式父权制的代际压迫尤其是女性间压迫的问题，尝试性地对“母亲的权力”的相关理论进行了整理。以“母亲的权力”这一视角，再重新阅读民国时期的文学作品，不难发现，在强迫式包办婚姻的母子或母女关系中，也常常出现作为压迫者，随意使用已常态化的“母亲的权力”的母亲。在新旧思想混杂的民国时期，不少有识之士开始挑战作为旧思想体现者的父亲，但面对以爱之名进行压迫的母亲，他们又能在多大程度上认识到母亲的压迫呢？也许对于这些接受近代思想的人来说，母子关系的问题是有可能摧毁其存立的基石的非常大的问题。而且，中国文学作品所描述的母女关系，也没有像欧美国家一样超越精神矛盾，使母女关系上升为女性间的连带关系，而是许多母女关系如同父子关系一样，针锋相对。由此可见，作为中国式父权制的研究视角之一，针对“母亲的权力”的研究，不仅对研究代际支配问题十分有效，而且还能在许多相关问题上反过来影响文学作品的研究。在下一章，将通过对描写旧式包办婚姻的文学作品的研究，继续考察中国的“母亲的权力”的存在形式。

# 第二章

# 从民国时期的旧式包办婚姻看“母亲的权力”

本章将紧紧围绕旧式包办婚姻的主题，通过事例研究法探讨、分析，当被母亲强行要求接受包办婚姻时，子女在多大程度上察觉到了母亲压迫性的一面。并从其反应的不同程度，大致分为三种类别，通过自传体文学作品或近自传体文学作品中出现的具体案例，进行具体考察。

## 一、旧式包办婚姻产生的悲剧

在当时的中国，婚姻很少是根据当事人意愿进行选择的，更多的是为了家庭或家族所做出的决定。而全权负责子女的婚姻则是父母对子女应尽的义务。因此，在1912年颁布的旧民法中，依然规定婚姻的决定权（主婚权）由父母所有（《民律草案》第1338条）❶。但是在1916年4月就出现了反映时代发展的“未取得当事人同意的婚姻可以离婚”的判决案例；而且，在1930年国民党颁布的《新民法》中，承认婚姻的缔结和离婚都须经当事人双

---

❶ 民国初期，《民律草案》虽然制作了三次草案修订，但却没有得到实施。大理院在处理民事案件时，基本沿用第一次民律草案的条例。一般被称为旧民法。具体内容请参考：乔峰．（周建人）中国的离婚法［J］．妇女杂志8－4，（1992－4.）；望道．中国民律草案与俄国婚律底比较［J］．妇女评论新年增刊号1922－1－1；廖温音．中国民法上关于“亲属”“继承”、应革新之商榷［J］．妇女周刊五～六号．（1926－5－4、18）等。此外参考文献还有，［日］小野和子．五四时期家族论の背景［M］．同朋舍，1992.

方同意。❶ 但正如许多研究者所指出的那样，尽管法律许可，现实生活中却并非如此。受传统意识、观念的影响，一般看来，解除婚约和离婚都是十分伤及家庭（家族）名誉的事情。所以，人们都尽可能地避免解除婚约。❷

潘光旦于1927年6月，通过《时事新报·学灯》进行了关于主婚权的社会调查。❸ 其调查结果显示：反对父母之命的旧式包办婚姻的人高达99.3%；认为婚姻应由自身决定并需取得父母同意的人有80.6%。绝大多数人都认为主婚权应由当事人所有。但在新旧思想并存的民国时期，即使是在20世纪20年代的城市地区也依然有80%～90%的人的婚姻是受父母之命决定的。实际情况和潘光旦的调查结果显现出了巨大的差距。到了30年代，旧式包办婚姻的比重降到了55%（但自由恋爱结婚的比重仅为1%）❹，父母的观念也在一点点松动、变化，在决定前也会听取子女意见、获得子女同意等。但民国时期的著名学者大都是在清末到1920年期间结婚的，所以其大多经历了旧式包办婚姻。第一次世界大战结束后，伴随着以杂志《新青年》为中心的五四运动达到高潮，当时的报纸和杂志中也涌现出大量描写旧式包办婚姻所带来的悲剧的报道，关于婚姻、离婚自由的讨论也活跃起来。而这正是由于旧式包办婚姻是亟待解决的深刻问题。

对于那些被迫和父母决定的对象结婚的青年人来说，离婚是一件伤及父母脸

---

❶ 中华民国民法亲属承继编（1930年12月公布、1932年5月施行）第972条以下及第1049条以下。详情请参考［日］大塚勝美．中国家族法论［M］．御茶水书房，1985.；陈令仪．我国妇女在法律上地位之今夕观［J］．新中华3－5，1935－3－10.；戴炎辉．〈中华民国婚姻法〉（新比较婚姻法［M］．［日］宫崎孝治郎，编．劲草书房，1960.）等。

❷ 据作者所知，不经当事人同意可以取消婚约的判决案例最早出现在1916年4月。（潘筠．一个女士因被迫婚脱离家庭［J］．妇女评论第67期，1922－11－15）。此外，1920年9月也有同样的判决案例（大理院9年9月18日上字1097号判例）。（狄山．现行法律对于订婚结婚离婚的规定［J］．妇女评论第103期，1923－8－8）。而且，据伴梅女士．我抗婚的经过［J］．妇女周刊17、18号，1926－8－3、1926－8－10. 记载，她被家里监禁后，从家里逃到了老师身边。当其起诉解除婚约时，由于未经本人同意所以婚约无效。其虽然胜诉了，但被家里人和周围的人认为是丢尽脸面，所以受尽了冷遇。潘筠（前述）通过这一案例指出，当向家人说明，但却得不到解除婚约的同意时，除了离家出走别无他法。从中可以看出其当时受到的社会的猛烈抨击是超乎想象的。

❸ 潘光旦．中国家庭问题［M］．新月书店，1928. 收录于：潘光旦文集［M］．第一卷，北京大学出版社，1993：113～115.

❹ 陈鹤琴．学生婚姻问题的研究［J］．东方杂志，18－4、18－5、18－6.（1921－2－25、1921－3－10、1921－3－25）；潘充康［日］園田茂人，监译．変貌する中国の家族［M］．岩波書店，1994：36～37、42. 此外有数据表明，1946～1949年期间结婚的夫妇中51.7%为包办婚姻。（胡运芳．中国妇女问题调查报告与论文选集［M］．中国社会出版社，1996：232.）

面的不体面的事情，所以，尤其是城市中的现实婚姻结构大多是把包办婚姻的妻子留在乡下，本人在城市里寻找自由恋爱的对象这样一种结构。社会主义中国之前，中国基本实行一夫一妻多妾制，重婚是被禁止的，所以其正房妻子只能是旧式包办婚姻所娶的妻子，即使是丈夫之后事实婚姻的妻子是其自由选择的对象，但在法律上的地位也只能是妾。鲁迅、郭沫若、郁达夫、张闻天等都是这种婚姻模式的典型代表。当然，随着选择这种畸形的婚姻模式的人增多，必然会产生各种悲剧。

从女性角度来看，这种旧式包办婚姻对双方造成了很大的不幸。例如黄庐隐，其第一任丈夫郭梦良在和她相恋前就有包办婚姻所娶的妻子，所以他和黄庐隐的恋爱和“结婚”在当时饱受批判，这也给黄庐隐造成了很大的伤害。许广平与鲁迅也是如此，两人是师徒关系，再加上鲁迅是当时的名人，所以其受到的社会舆论的压力更大。此外茅盾著作《虹》的主人公原型——胡兰畦也有过类似经历。胡兰畦在母亲强迫下被迫接受了旧式婚姻，但不久之后就从夫家逃了出来。但是其后来亲自所选的结婚对象——陈梦云，也由于包办婚姻拥有一位妻子。所以，胡陈二人在商量后，决定将陈梦云的财产继承权全部让渡给其妻子（但没有离婚）。两人这才得以“结婚”。但在法律上，胡兰畦是妾，在陈梦云的正妻面前，她是弱者，所以她经历了许多不愉快的经历，被陈的妻子突然闯进来破口大骂，撕扯头发等。石评梅也有过这样的过去。她的第一任恋人在和她相爱前，也通过包办婚姻娶了一位妻子。由于其妻子反对他们二人结婚，最终不得不分手。而石评梅的第二任恋人——高君宇，为了和石评梅结婚，便和乡下的妻子（包办婚姻所娶）离婚了。石评梅也因自己的婚姻给别人带来了不幸，所以终日感到十分不安、困惑。不幸的是，在此期间高君宇病死了。❶ 在石评梅之后撰写的短篇小说《弃妇》（1925 年）❷ 中，也描绘了一位因旧式包办婚姻而十分不幸的女性。由于她的丈夫通过自由恋爱有了新的恋人，所以逼其离婚。而这位正房

---

❶ 参考文献有：黄庐隐．庐隐自传［M］．第一出版社，1934．、胡兰畦．胡兰畦回忆录 1901～1936［M］．四川人民出版社，1985．、白舒荣．十位女作家［M］．群众出版社，1986．、黄英．现代中国女作家［M］．北新书局，1931．、闫纯德．作家的足迹［M］．（正）、（续），知识出版社，1983．、1988．等。

❷ 漱雪．（石评梅）弃妇［J］．京报副刊·妇女周刊，1925－12－20．收录于：石评梅作品集（诗歌小说）［M］．书目文献出版社，1984：162．

妻子最终通过自杀结束了自己的生命。而且，这篇小说还细致地描述了自由恋爱名义下可悲的正房妻子们的心境，从女性的角度控诉了包办婚姻所导致的悲剧。其实，从另一角度来看，无论是在乡下负责奉养婆婆的名义上的妻子，还是身为小妾的事实“妻子”，都是包办婚姻的牺牲者。

## 二、“杀母”故事——谢冰莹的《女兵自传》、张闻天的《青春的梦》

对于那些饱受旧式包办婚姻迫害的女性来说，应该通过怎样的方式来拯救自己呢？男性由于身体自由没有被限制，他们可以离家出走，或是利用一夫一妻多妾制来寻找新的对象，从而摆脱包办婚姻的魔爪。但是那些拒绝接受包办婚姻的女性往往会被父母监禁；嫁到夫家，公婆也会因为害怕其逃跑而整日监视；即使是在出嫁的花轿里，也会为了防止其自杀，而用尽各种手段来束缚其身体的自由。

谢冰莹（1906—2000 年）的《女兵自传》（1936 年）❶ 的前半部分，以其故乡湖南为舞台，描述了她自懂事开始到 1927 年彻底摆脱包办婚姻的 10 年间的经历。这部小说虽然是其自传，但并不仅仅描述了其在包办婚姻中所经历的个人不幸，还记述了女儿对“母亲的权力”的反抗，是一部反映作者创作时期思想的小说。在民国时期众多描写母亲的小说中，《女兵自传》对问题认识的深刻性最为突出，因而大放异彩。

谢冰莹的父亲是县城中学的校长，一年只有寒暑假能回家。所以她一直和祖母、母亲、嫂嫂生活，成长于这样一个只有女性的四口之家中。而信奉“父母大于天”的谢母即使在家庭内，对待晚辈“也好像是君主对待奴隶那样，必须绝对服从她的命令”。谢冰莹的大哥也是一名教师。如果她的大哥在未经谢母同意的情况下，带着妻子去了工作的学校，就会因为“逆亲顺妻”而受到体罚。当其二哥因不满父母决定的婚事想要离婚时，母亲拍着桌子大声骂道：“你这东西，

---

❶　谢冰莹．一个女兵的自传［M］．上海良友图书印刷公司，（1936 年初版，1937 年第二版）．引用部分是参考译著［日］諸星あきこ，译．女兵士の自伝［M］．青年書房，1939．并做出了适当修改。同书的部分翻译有［日］近藤龍哉，译．ある女兵士の自伝［M］．收录于：（［日］丸山昇，监修．中国現代文学珠玉選小説 3〈女性作家集〉［M］．二玄社，2001．）等。据译者近藤所述，之后作者对该作品又做出了修改，而修改的部分内容主要是加强对其母亲的批判。

读了书回来做这种没廉耻、无道德的事情，难道真的不顾祖宗面子吗？你要离婚，先杀了我再说！”最终二哥在这种逼迫下，不得不忍受着痛苦，继续这种不幸的婚姻生活。而对谢冰莹来说，母亲的所作所为简直就是暴君统治。

她的婚约早在3岁时就被父母定下了，对方是其父亲一位朋友的儿子——萧明。1926年，谢冰莹快到该结婚的年龄了。她为了摆脱这门婚事，在二哥的帮助下，背着母亲进入了当时的中央政治军事学校学习，次年加入了北伐军。在此期间撰写的《从军日记》❶ 让她一举成名、崭露头角。但是由于国民革命受挫，其所属的军队被解散之后，她便下定决心回乡和萧明解除婚约。而母亲的愤怒程度远远超出了她的想象，就连一直以来十分亲和，理解、支持她学习的父亲也和母亲统一战线，批评她：解除婚约伤及了父母的颜面，有反礼教。她的大哥也自嘲似的教育她说：“你不应该回来的，现在既到了家里，怎么能逃出去呢？还是乖乖和萧明结婚吧。”但她早已下定决心，严肃地对她大哥说道：“我宁可反对旧礼教，推翻封建制度而牺牲生命，决不屈服在旧社会的淫威之下……”

但是，她被母亲整日监禁在屋内，连来往的信件都会被检查甚至是没收，彻底和外界失去了联系。直至成婚之日前，她都一直过着像囚犯一样的生活。她口中所说的决不向其低头的“旧社会的淫威”就是以母亲的形象出现在她面前的。母亲一面要努力压制女儿的反叛，一面还要装作不知道似的，骄傲地向来访的邻居们夸耀自己女儿是听从父母命令的乖女儿。谢冰莹看着这样的母亲，不由得苦笑。她把母亲作为攻击对象，向“母亲的权力”宣战道：“我真替她悲哀，母亲的权威与权力将由我一个人推翻了。”

在此之后，她共3次试图逃跑。但每次都被母亲的机智和快速的行动制止，最终又被带回家里。而她和母亲的对立也越来越强烈了。但在其第二次逃跑失败被抓回来后，一直和母亲统一战线的父亲的态度发生了变化。

> 在父亲面前，我已好几次很坦白地告诉过他：
>
> “即使硬把我抬到萧家去，也只有两个前途给你看到……不是自杀，便是逃走，永远不归家。”
>
> 听说，这些话父亲也曾对母亲讲过，而且根据我两次逃奔的事实证明，

❶ 谢冰莹．从军日记［J］．中央日报副刊，1927－5－14～6－12.

他也相信我的确不会和萧明结合的，但母亲坚持着她的见解：

"自杀？她是故意说来恐吓你的；逃走？她嫁过去，一个人守着这许多东西，就会舍不得离开了；何况女人只要到了男人手里，无论她怎样强悍，也会像小羔羊一般温柔的……"

唉，母亲是这样被聪明误了！她根本不了解女儿的思想和性格。

父亲虽然没有认同谢冰莹的思想是正确的，但也变得尊重女儿的感情。可母亲却无视父亲的忠告，丝毫不改变自己的想法。很明显，一直以来强迫她结婚的正是她的母亲。谢冰莹的可悲和愤怒之处在于母亲并不理解女儿的思想和性格，对自身的传统生活方式充满自信，并试图将这种生活方式强加于女儿身上。而女儿也把母亲定位为压迫者，竭尽全力反对母亲的生活方式。

但是在其第三次逃跑失败被抓回来后，她被一直监禁到成婚之日。结婚当天，她本想着从花轿里实施第四次逃跑，无奈周围全是护卫，只能作罢。婚后，她最终可以从旧式包办婚姻的牢笼中逃出来，和丈夫离了婚，是因为获得了丈夫的理解（因为他自身也是包办婚姻的受害者），而且，其父亲也认识到女儿坚决反抗的意志，帮她找了份教师的工作，使她能够有借口离开夫家，并解决了她在经济上的问题。但是，她却一直没有摆脱和母亲之间的压迫与被压迫的关系。

母亲十六岁嫁给父亲后，便在谢铎山大出风头。她是个绝顶聪明而又富有办事才干的女子，她的脑筋不用说是充满了三从四德、男尊女卑的观念，重视旧礼教，胜于看重自己的生命。她是谢铎山的墨索理尼，不论在家庭、在社会，她完全处在支配阶级的地位。乡村里的大大小小，几乎都要听从她的话；地方上的公产也由她保管，为的是她不揩油，热心公益事业；村政上更是少不了她，一件什么事情发生了，乡长会议解决不了的，只要请她去说几句，便一切问题都没有了。

由于在中国式父权制中，男性中心的原则发挥着十分重要的作用，所以女性想要行使权力的话，必须从男性处获得"委托行使权力"的名目。但女性一旦拥有这个名目，不仅仅是在家庭内部，其权力的触角甚至可以伸向社会。谢冰莹的母亲不仅在子女的升学、结婚等事情上发挥了绝对权力，还负责乡村管理的相关事情。而这绝不仅仅因为其优秀的个人资质，更是由于其丈夫在当时具有较高的社会地位。而正因为丈夫经常不在家，她作为代理家长，得到了村民们的广泛认可。

在传统的血统观念中，当权者或成功人士的家人或亲戚在工作和晋升时会受到特殊的优待。而这种根深蒂固的血统观念，即使在中华人民共和国成立之后也依然存在。正室妻子作为亲属中的正式成员，自然会被纳入所谓的亲属关系中。正如“夫贵妻荣”，仰仗着丈夫的社会地位，妻子也能获得相应的社会地位。因此，在中国，“母亲的权力”在社会上也拥有超越阶级的强大权力。而在家庭内部，在以服从、侍奉父母为本质的“孝”的思想背景下，母亲相对作为下位者的子女来说，拥有绝对的权力和优势，能够在身体及精神上给予子女极大的约束。因此，当女儿真心想和母亲对立时，其势必会朝着类似于父子对立的方向发展。

谢冰莹的《女兵自传》的一大特色就是，将母亲当作一个独立的人来看待，而不是仅仅作为“父权”的代理者。谢冰莹的这本自传敏锐地指出了：有时母亲的权力可以强大到超过作为家长的父亲的权力，致使母亲可以成为女性压迫的当事人。如果说五四运动时期的作家们对旧秩序象征的“父性权威”的否定是一场“杀父”斗争的话，谢冰莹的这本自传体小说也可以说是一部女儿“杀母”的故事。❶

男性作家张闻天（1900—1976年）也和谢冰莹有着相似的经历。1918年，张闻天被迫和父母定好的对象结婚，之后因无法忍耐，离家出走。和谢冰莹一样，相比父亲而言，更多的是母亲在强迫其接受包办婚姻。母亲冲他吼道：“你是我养大的，你忍心不要我，不要你的娘吗?”身为长子的张闻天最终不得不屈服于母亲，接受了包办婚姻。但他对母亲的反抗还是相当强烈的。程中原是专门研究张闻天的学者，他指出：“成为之后张闻天社会活动的出发点的，很明显就是这个包办婚姻和当时与其母亲的对立。”❷ 后来，张闻天和家里断绝了关系，一直活动在中国、日本、美国、苏联等国家，并于1925年和一位苏联女子同居、育有一子；回国后又和一位中国女性结婚。而乡下的妻子虽然和他有一个女儿，

---

❶ 孟悦、戴锦华．浮出历史地表［M］．河南人民出版社，1989．第一章第一节〈弑父时代〉．

❷ 程中原．张闻天传［M］．当代中国出版社，1993：13～14．及同书34页注7．

但事实上他们的婚姻在举行了仪式之后只存续了不到一个月。张闻天将自己被包办婚姻的经历与体验投映在《旅途》、《青春的梦》（1924 年）、《飘零的黄叶——长虹给他母亲的一封信》（1925 年）等文学作品中。❶ 尤其是戏剧《青春的梦》描绘了被包办结婚后抛弃妻子和幼女的主人公“明心”回到家乡不久，又和青梅竹马的“兰芳”相恋，再次离家而去的故事。以下引用的是兰芳被母亲强迫接受旧式包办婚姻，说服明心时的场景。

**明心**　你总是母亲不母亲的。兰妹！世界上的人谁是没有母亲的！如果每一个人都要服从他的母亲，那么世界上一切反叛的运动让谁去干！（中略）

**明心**　母亲，那旧社会遗毒的结晶体，我们不反抗她们，没有自由可言……

**兰芳**　你要知道母女间情感的牵制。

**明心**　情感的牵制！世界上一切罪恶都是由于不能斩断这种浅薄的感情而来的。明明他们和我们间在根本上已经发生了冲突，但是因为“面子”，因为其他种种“关系”，还是互相敷衍着，结果弄得虚伪百出。我们提倡狂飙运动就是要打破这种面子与关系，换句话说，就是要斩断这种情感的牵制。我们不斩断它，我们的胜利是没有希望的，所谓的光明与自由是没有实现的可能的。

**兰芳**　我爱光明，我爱自由，但是我尊重我对我母亲的情感。

故事的最后一幕是，由于明心逼其妻子离婚，其妻子投水自杀的讣告传来，而就在家里人慌乱的时候，明心不顾兰芳对母亲的不舍，半拖半拉地把兰芳拽着领了出去。张闻天描写出了明心和兰芳对母亲的不同态度和方式，而且他看穿了在现实生活里，这两种态度可能会发生在一个人的身上。次年，张闻天在《飘零的黄叶——长虹给他母亲的一封信》中表达了对母亲不变的爱。

我对于妈妈，我敢赌着咒说，始终没有一点儿怨恨的心思，始终没有一刻忘记过。我常常对自己说：“妈妈这样做并不是不爱我，妈妈是因为太爱

❶ 收录于：张闻天早年文学作品选［M］．人民文学出版社，1983. 原载于：旅途［J］．小说月报 15－5～7、15－9～12，1924—5～12. 青春的梦［J］．少年中国 4－12，1924－5：223～224 页．飘零的黄叶——长虹给他母亲的一封信［J］．东方杂志 22－12，1925－6：160.

我了，所以才这样做的，我怎能因为妈妈受了幼时社会思想与礼教的毒，就怪我的妈妈呢？”

谢冰莹和和张闻天虽然都在现实生活中和母亲正面对立、断绝了关系，但其二人笔下的母亲形象却完全不同。谢冰莹描述了自己对母亲的憎恨，但张闻天对母亲的愤怒却没有转化为憎恨。正如张闻天在《飘零的黄叶——长虹给他母亲的一封信》中描述的那样，他虽然对母亲心中的旧思想进行了彻底的批判，但却很好地保护了其对母亲的亲情与爱意，即使和母亲对立、断绝关系，也无法切断母子间的骨肉亲情。因此，他将问题仅仅限定在思想上，坦然承认自身对母亲的难以否认的感情。当然，谢冰莹肯定也和张闻天一样对母亲抱着难以斩断的感情。但就谢冰莹来说，当其被母亲强迫着缠足的时候；当为了戴耳环，母亲逼其打耳洞的时候，就算能够理解这是母亲对她的爱，也不得不将其对母亲这种错误的爱的方式的愤怒和憎恨直接表达出来。而且，尽管当其被监禁时，甚至说：“推翻了母爱高于一切的哲学，我的心几乎痛得要破碎了。最爱自己的母亲，尚且这样不爱惜我，同情我，还有什么可留恋的呢？”并且因感到丧失了母爱而伤心欲绝、想要自杀，但她的这种悲伤绝不是子女因丧失了母亲的无私的爱而导致的悲伤。她是由于觉得“完全不想了解自己女儿思想和性格”的母亲对女儿倾注的“爱”并不是爱，从而认为自己“不被母亲爱惜”并感到悲伤。她亲身体会到母爱并不是完全无私的爱，所谓的母爱连子女的人格和思想都不能无条件地接受。她的母亲未能将母女之爱的问题与自己的思想问题分开，以爱之名将旧思想强加于自己的女儿。谢冰莹是把这样的母亲作为权力的整体看待，并对其进行了正面批判与抨击。这两个“杀母”故事为什么会有不同的感觉和倾向呢？是因为他们母亲的压迫行为在程度上有差异呢？还是因为作者的性别不同？或者是因为个人的资质的差异呢？这是很难判断的。但是无论其原因何在，这两个事例，作为正面抨击母亲的压迫的文学作品，或是作者本身在现实生活中和母亲断绝关系的经历，都是极少有的，应该引起我们的关注。

## 三、孝的践行和对立的回避——冯沅君的《隔绝》《隔绝之后》

在日本，大多数具有无产阶级文学倾向的作家都是父亲早亡，在单亲家庭中

成长起来的。在中国也是如此，在幼年时期父亲就早亡的知识分子也有很多。❶被寡母强迫接受包办婚姻的代表人物中有胡适、鲁迅、茅盾、老舍等人。掌握家长实权的母亲，由于不受身为上位者的丈夫的影响，本可凭自身意愿，优先考虑子女的感情，但实际上，成为寡妇的母亲和父亲一样，将旧思想强加于子女。而此时，儿女也会回避必然会产生的这种“母子对立”的矛盾，他们大都默默地接受了由母亲单方面决定的婚事。

在当时的中国，截至1916年，单方面解除婚约是违法行为，对方可以提出诉讼。而且，为了避免违法，往往需要一大笔资金作为赔偿。因此，和母亲的对立并不仅仅是家庭内部的问题，还有可能会破坏母亲在当地或族内的地位。例如，当时破坏婚约的老舍先生就因此病倒了。但他们大多数人并不是因为这样的外因才接受违背自身意愿的婚姻的。胡适在婚后所说的下面这段话最能代表当时男性知识分子的心情。

> 吾之就此婚事，全为吾母起见，故从不挑剔为难（若不为此，吾决不就此婚……）。今既婚已，吾力求迁就，以博吾母欢心。吾之所以极力表示闺房之爱者，亦正欲令吾母欢喜耳。❷（1918年5月2日）

胡适对其母亲做出的尝试性抵抗也只是尽可能地延后婚期而已。他在美国留学期间就已经有了一个恋人，所以他对母亲定下的未婚妻很是苦恼。但他对于母亲这种不尊重其自由意志，私自决定其婚事的行为，没有直接批判。例如，在他留学期间，当母亲恼怒之下私自将未婚妻接到家里去的时候，胡适想着母亲身边也需要有人照顾，就压抑了自己的个人感情，优先考虑寡母的心情。他的这种态度，与其说是对母亲的留恋和祈求得到母子融合之情，不如说其是把对母亲的孝的践行放在第一位来考虑的。

在中国社会中，往往会有“典型的孝子大多不是对父亲，而是对母亲”尽

---

❶ 熊秉贞．明清家庭中的母子关系——性别、感情及其他［M］．1994：542．注20．；收录于：（李小江．性别与中国［M］．三联书店，1994．）

❷ 胡适．胡近仁宛书信·一九一八年五月二日：胡适书信集1907～1933（上）［M］．北京大学出版社，1996：155～156．

孝的倾向。❶ 尤其是对于他们这些从小看着寡母含辛茹苦把他们养大的人来说，不难想象他们体贴母亲的心情较常人更强烈。所以不得否认他们对母亲的压迫行为的态度是十分复杂的，既有批判或反抗，又有屈服。不仅仅是胡适，许多被迫接受了包办婚姻的中国知识分子在实际生活中，或是在其文学作品中，都选择了牺牲自我感情、放弃自我的道路，顺从一直以来充满慈爱、默默忍受生活痛苦、辛苦养育儿子的母亲的意志。即使母亲成为旧思想的化身，变成暴君的时候，他们还是以向母亲尽孝为优先，在最初就放弃了和母亲的斗争。

他们之所以会这样选择，是因为他们深受西方近代思想的影响，认为这是事关自身思想存立的问题。诚如中岛长文对鲁迅先生和朱安婚姻的评论："近代思想和旧式包办婚姻本身就是一对自然存在的矛盾，而且有时甚至会演变成危及自身存在基石的问题。"他们接受包办婚姻，"虽然抓住了基础思想性伦理"，但是却因"怀疑那是因为自身难以和日常生活的伦理相抗衡所带来的结果"❷，因此带来了深刻的烦恼。

因此，值得讨论的是，当向拥有这些经历的他们提出"母爱是什么"的问题时，实际上是在拷问他们在这个过程中是否清楚地自觉认识到自身的问题所在，并怎样在其作品中表现出来？在我看来，女性作家冯沅君（1900—1974 年）的短篇小说《隔绝》《隔绝之后》（1924 年）❸ 最为典型。接下来将对这一具体案例进行具体分析。

冯沅君的这两篇早期作品都是基于其堂姐的包办婚姻的经历所撰写的。❹ 主要讲述了一对批判旧式包办婚姻、并因此而自杀的年轻恋人的故事。女主人公爱上了一位已婚（包办婚姻）男性，同时自己也早就被母亲定下了婚约。眼看着成婚的日子越来越近，女主角决定回乡解除婚约。不曾想寡母并不同意，还把她

---

❶ 费孝通．生育制度［M］．（第五章〈夫妇的配合〉《乡土中国生育制度》），北京大学出版社，1998：149.

❷ ［日］長島長文．ふくろうの声——朱安と魯迅［J］．文学，第 55 号，岩波書店，1987 - 8：26 ~ 27.

❸ 淦女士．（冯沅君）隔绝［J］．创造月刊 2 - 2，1924 - 11.；隔绝之后［J］．创造周报 49 号，1924 - 419. 本书引用部分为：冯沅君小说春痕［M］．红影丛书上海古籍出版社，1997：11、13、3、10.

❹ 关于其创作背景的详细介绍请参见孙瑞珍．和封建传统斗争的冯沅君：新文学史料［M］．人民文学出版社，1981 - 4.

监禁了起来（以上为《隔绝》）。她本想着在结婚前夜和恋人一起逃出去，但突发事件使得计划落败。女主角最终饮毒自杀，从外面赶回来的恋人也追随她的脚步，自杀了（以上为《隔绝之后》）。本来，这个故事可以撰写成被母亲"背叛"的女儿对突然变成暴君的慈母感到失望并反抗母亲的故事。但是冯沅君却丝毫没有这样的想法。她所描绘的是女主角在回乡前就已经考虑到，如果自己不被母亲理解，那就自杀。而在其被监禁的时候，感觉到"黑白无常"已经来到身边，自己也将要死去了。想要和恋人一起从被监禁的房子里逃出去，也并不是私奔去追求所谓的新世界，只是想要两个人死在一起。"谢天谢地！我的表妹把我们的消息传通了，不然，我怕我们连死在一处的希望也没有了"。

《隔绝》的女主角的自杀是其为了保护"恋爱的神圣"和"意志自由"而做出的一种抗议。确实，通过描写女性压抑自身的反抗意志而只能自杀，能够唤起读者的同情心，从而将作者对不合理的社会的反抗传达给读者。但值得思考的是，冯沅君是怎样看待女主角和其母亲的关系的。为什么冯沅君会描写一个对充满旧思想的母亲缺乏斗争意识的女性形象。服毒之后，女主角在弥留之际给母亲写了这样一封信：

> 亲爱的阿母！我去了！我和你永别了！你是我一生中最爱的最景慕的人。少年抚育之恩未报，怎肯就舍你而去？但是……现在，因为你的爱情教我牺牲了意志自由和我所最不爱的人发生最亲密的关系，我不死怎样？……阿母！你也不要怨我，我也不怨你，破坏我们中间的爱情的，是两个不相容的思想的冲突。

和之前的张闻天一样，女主角也是将母亲和旧思想分开来看待，对母亲本身一直抱着不变的亲情。但冯沅君并没有像张闻天那样，将故事朝着对旧思想进行彻底讨论的方向发展，反而是将故事发展导向女主角对母亲的爱，而对权威的母亲的批判不见踪影。以结婚问题为契机，表面是在表达新旧思想的对立，但不知不觉中却将主题切换为和母亲之间的爱的问题。例如，女主角在最初对母亲的不理解是生气的。《隔绝》中曾写道："我的母亲向来是何等慈善的性质，此刻不知怎样变得这样残酷，不但不来安慰我，还在隔壁对我的哥哥数我的罪状，说我们的爱情是大逆不道的，我听了更气，气了更哭。"但她后来改变了想法，"我发现人类是自私的，母女可算是世间最亲爱的人，然而她们也不能逃出这个公例"，认为母亲和违背母亲愿望的自己都是自私的，并把对母亲的愤怒看成一般的人际关系问题，"人间的关系无论是谁，你受他的栽培，就要受他的裁制"，进而其想法更靠近宿命论，认为被母亲养育长大的女儿受到母亲的干涉是无法避免、天经地义的。实际上，冯沅君在写《隔绝》和《隔绝之后》的前一年（1923 年）还撰写了《慈母》这部作品，主要描绘了一位理解女儿解除婚约，并独自承受所有困难的充满了慈爱的母亲形象。她还在 1924 年撰写的《延着》中描绘了一位舍弃了爱情与恋人，将对母亲的爱放在第一位的女儿的形象。如此来看，她在《隔绝》和《隔绝之后》中描写的主人公选择不和压迫性的母亲斗争而是自杀，是自然而然的了。

巴金的《雾》（1932 年）[1] 讲述了一位没有勇气和妻子（包办婚姻所娶）离婚，便选择和恋人分手的男性的故事。其主题旨在讲述青年人对父母的爱被"孝"所强制绑架的烦恼。不敢反抗父母的男主角将自己伪装成有良心的尽孝者，从而隐藏自身的懦弱，与《隔绝》《隔绝之后》一样，他忽视了母亲在日常生活中充满了旧思想的一面，而是选择向母亲尽孝。在爱情和亲情难以两全、难以抉择时，他选择牺牲自我。无论是《雾》中的主人公和恋人分手，还是《隔绝之后》中女主角的自杀，都是对母亲绝对的爱的表现。

女性作家中还有很多或是强烈追求和母亲的情感联系，或是对母亲报恩的感情更加强烈，或是受到礼教的影响十分浓厚，但是，她们只有克服这些个人感情，毅然决然地踏上反对"绝对相信、服从母亲"的传统女性生活方式的征程，才能够实现自我。除此之外，她们或许也没有其他自我实现的方式。但是，冯沅君的小说中所描写的母子关系，以及在之前所列举的其他作家，都是优先考虑"孝"的。这与以谢冰莹为代表的事例有本质上的区别。究其根本，这种区别就在于对母亲压迫性一面的觉醒认知程度的差异。

## 四、母亲、儿子、妻子的关系——郁达夫的《茑萝集》

在众多讲述包办婚姻的文学作品中，虽然有避免对母亲的直接批判的文学作

[1] 巴金．雾［J］．东方杂志 28－20～28－23，1931－10～12．收录于：巴金全集六［M］．人民文学出版社，1988．

品。但这里提及的郁达夫的《茑萝集》（1923 年）❶，是一部讲述了作为郁达夫化身的"我"虽然意识到了母亲的压迫性一面，但是苦于无法将自己的意识直接表现出来的独特的作品。

郁达夫 4 岁时父亲早亡，母亲陆氏在 36 岁时成了寡妇，她仅仅依靠一点田地的佃租支撑 3 个儿子、一个女儿以及婆婆的生活，十分辛苦，郁达夫的姐姐也在 6 岁时就沦为了童养媳。他在回忆自己的童年生活时说"只感受到了'饥饿的恐怖'。"❷ 郁达夫在成长过程中，早早看到了母亲的辛劳并直接感受到了母亲对 3 个儿子的强烈期待。

全家的经济状况在 1910 年左右稍稍好转，在大哥和二哥都工作了之后，郁达夫和大哥郁达陀一起到了日本，开始了在日的留学生活。他本来学的是与医学相关的理科专业，但在中途私自转到了文科专业。母亲一直以来都希望他能够继承家业，继续做个医生。所以，他的这个行为极大地违背了母亲的意愿。但有趣的是，郁达夫却通过和大哥断绝关系的方式，避免了由此导致的和母亲的直接对立。郁达夫声称，向大哥写信寻求经济上的帮助，但是却没收到回信，没有办法，只能转入学费更便宜的文科。大哥因此斥责了他，郁达夫难以忍受，就和大哥绝交了。关于此事，郁达夫研究者袁庆丰给出了如下见解：

> 郁达夫是孝顺母亲也是能够体谅母亲苦衷的……倒不如说，兄弟间的矛盾爆发恰恰可以回避他与母亲的直接冲突与对抗，不愿伤害母亲的自尊和感情而宁肯伤害自己……从而与长兄形成对立。❸

郁达夫为了避免母子之间的直接冲突，将其转化为兄弟间的冲突，并且他将

---

❶ 郁达夫．茑萝行［J］．创造 2－1，1923－5. 引用部分为作者本人所译〈茑萝行〉（［日］丸山昇，监修．芦田肇，编．中国现代文学珠玉选小说［M］．二玄社，2000：37～38、41、30. 虽然这部作品是小说，但许多研究者都认为其主人公就是郁达夫本人，作者便也如此引用。郁达夫后来成为北京大学的讲师，并将妻子叫到北京来。但不久后，其又投身于北伐战争，南下去了广东，并于 1927 年开始了和王映霞的同居生活。而据说其妻子孙荃带着儿子从北京回到了乡下，侍奉婆婆。后来皈依了佛门，一生吃斋念佛。（郁达夫及其家族女性［M］．浙江文艺出版社，1993.）

❷ 郁达夫．悲剧的出生——自传之一［J］．《人间世》17，1934－12.；收录于：郁达夫文集［M］．第三卷，花城出版社，1982：353.；郁风．郁达夫的出生家庭和他的少年时期［J］．新文学史料，1979－5：138.；冯雪峰．郁达夫生平事略［J］．新文学史料，1978－1. 等。

❸ 袁庆丰．郁达夫早年家庭经济状况及成员关系［J］．现代中国文学研究丛刊 1997－3，上海文艺出版社，1997：290.

母亲对他的不满、自己被压迫的不满，全都撒到了妻子孙荃的身上。

郁达夫对母亲定下的婚事，曾通过拖延几年婚期、过度简化婚礼仪式等方式来进行对抗。但最终还是在 1920 年左右和孙荃结婚了。据说，孙荃是一位缠过足的传统女性，她和郁达夫一起生活的时间不足两年。其自传体小说《茑萝集》用和妻子交谈的口吻，描述了 1922 年夏天他从东京大学毕业回国到次年春天的"新婚生活"。这部小说主要描绘了责骂儿媳的母亲、虐待妻子后又因此而自责的"我"以及一直忍气吞声的妻子的形象。

举行婚礼之后便立即回到日本的"我"，在结束两年的留学生活回国后，被安排到 A 地当英语教师。多年之后再次踏入家门，他首先看到的便是正在喝酒的母亲。但是他怕是因为没有如愿在上海找到工作，所以觉得无颜面对母亲吧。连招呼都没打一个，就径直走向了二楼的房间。而房间内，妻子正在一面擦着眼泪和汗，一面啜泣。面对此情此景，他也不自觉地流起泪来。而此时却从楼下传来了母亲对"我"的责骂声。

> "在上海逛了一个多月，走将家来，一声也不叫，狠命地把皮箧在我面前一丢……这算是什么行为！……你便是封了王回来，也没有这样的行为的呀！……两夫妻暗地里通通信，商量商量，……你们好来谋杀我的……"
>
> 我听见了母亲的骂声，反而止住不哭了。听到"封了王回来"的这一句话，我觉得全身的血流都倒注了上来。在炎热的那盛暑的时候，我却同在寒冬的夜半似的手脚都发了抖。啊啊，那时候若没有你把我止住，我怕已经冒了大不孝的罪名，要永久地和我那年老的母亲诀别了。

然后，主人公终于明白了妻子啜泣的理由。

> 我才知道我没有到家之先，母亲因为我久住上海不回家来的原因，在那里发脾气骂你。啊啊，你为了我的缘故，害骂害说的事情大约总也不止这一次了……反抗反抗，我对于社会何尝不晓得反抗，你对于加到你身上来的虐待也何尝不晓得反抗，但是怯弱的我们，没有能力的我们，叫我们从何处反抗起呢？

"我"在东京留学期间，妻子在脾气暴躁的母亲身边的生活很不好过。以上引用部分描绘了"我"在知道母亲虐待妻子是因为母亲对"我"不满之后的心

路历程。"我"为了避免和母亲的对立，便告诉自己社会才是我反抗的对象，母亲只是妻子的反抗对象。

到了晚上，"我"看到妻子日渐消瘦的脚，不由得心疼起来，所以下定决心要带着妻子一起去 A 地。但由于两人都害怕母亲，所以一直到出发前都没敢告诉母亲。

但是"我"带着妻子一起到 A 地工作后，由于每天的教师工作枯燥乏味，让"我"十分痛苦；再加上文坛上的事情也不顺心，所以"我"竟成了"家庭内部凶恶的暴君"。在社会上受的虐待、欺凌、侮辱，"我"都要一一回家来向妻子发泄。而这种情况也越来越严重，从一日一次到一日数次。他就自己的包办婚姻说，"这既不是你的错，也不是我的错，是你的父母和我的母亲所犯下的罪孽"，认为两个人都是传统习俗的牺牲者。但是同许多对包办婚姻不满的男性一样，一旦有什么不高兴的事情，他就把气都撒到了妻子身上。

大约半年后，他辞去了教师的工作。因为找新工作的事情一直不顺利，所以他明知道妻子不愿意，但仍让刚生完孩子不久的妻子带着儿子一起回乡下母亲身边。其妻子在那天晚上跳水自杀，不过幸运的是，最后被人救了起来。他看着泪流满面的妻子说：

> 啊啊，我知道你那时候心里并不怨我的，我知道你并不怨我的，我看了你的眼泪，就能辨出你的心事来。

他以为妻子自杀的动机是不堪和母亲同居的痛苦。他认为妻子并不恨他，没有意识到是他每天虐待妻子，是他的行为把妻子一步步逼向孤立无援的境地的。正是因为失业后，离母亲的期望越来越远的"我"也十分害怕母亲，所以根本无暇顾及妻子的苦楚吧。

最后，"我"本打算和妻子、儿子一起回家乡，等待妻子身体恢复。但途中又顺道去了上海。本就不想回乡的他在和友人碰面后更加犹豫不决。妻子见状，便说要自己带着儿子回去。接下来让我们一起看看在送走妻子后他的内心独白：

> 我平时虽常常虐待你，但我的心中却在哀怜你的，却在痛爱你的；不过我在社会上受来的种种苦楚、压迫、侮辱，若不向你发泄，叫我更向谁去发泄呢！啊啊，我的最爱的女人，你若知道我这一层隐衷，你就该饶恕我了。

如上所述，“我”一边把妻子送回到她极度害怕的母亲身边，一边却在就自己平常对她的虐待乞求原谅。在作者看来，“我”之所以表明对妻子的爱意也只是出于自我保护的意识或是自己远离母亲的内疚感，甚至“我”的这种爱只是将自己对妻子的虐待行为正当化的借口罢了。袁庆丰指出，在郁达夫的个人生活中以及他创作的文学作品中，所出现的自虐性的言语和行为，都是他和母亲间的错综复杂的心理纠葛造成的。或许，他的这部作品是想描绘一个不被母亲和社会认可的悲惨的“我”的形象和一个对妻子乱发脾气却又很内疚的“我”的形象。但恰恰相反，这部作品也描写了母亲的压迫性的一面以及“我”压迫女性的一面。其作品让读者强烈地感受到了饱受婆婆和丈夫的双重压迫，默默承受和不断自我牺牲的妻子的不幸。这部作品在对母性权威的觉醒认知程度方面是欠缺的，但凭借作者郁达夫的喜欢夸大感情的个人性格和写作手法，其所内含的感情被更加积极地表现出来，深刻地描绘出了十分害怕母亲的儿子的形象，而且，这也是少数由男性作家刻画的具有压迫性的母亲形象中的典型案例。在对中国社会中母亲、儿子和妻子，这三者的关系的考察上，这部作品是耐人寻味的。

## 五、死于慈母之“毒药”

在父权制社会中，不可能所有的父亲都是暴君。同样，也并不是所有母亲都是慈母或者压迫者。但是，母亲那种“牺牲自我、充满慈爱”的形象十分深入人心，尤其是在日本。因此在这种环境下成长起来的人在讨论中国母亲的形象时，必须要从理论上理解在中国式父权制背景下的“母亲的权力”。本章紧紧围绕旧式包办婚姻这一“母亲的权力”被最大限度行使的场合，通过三个案例具体考察了被称为“五四进步知识分子”的作家们对母亲的权力的不同认识。通过具体事例分析，我们发现像胡适、冯沅君那样优先考虑尽孝，避免和母亲对立的案例的比重最多。这阻碍了描述母亲作为压迫者的一个侧面，导致了文学作品中对母亲形象描写的刻板印象。但是到了民国时期，虽然很少，但也开始出现了谢冰莹那样的事例。像谢冰莹和张闻天的作品中，不仅仅是停留在描写母亲压迫性一个侧面上，而是在作品中体现了把对母亲的愤怒和失望转化成对“母亲的权力”问题的觉醒认识上。在仁井田陞的《中国农村家庭》中，其就家长的强大发言权和最终决定权问题，作出了如下论述：“虽然用了强大和最终这样的词汇，

但权力绝不是任何时候都能不假借任何名目、很露骨地行使的。处于被养育的环境之内，子女别说抵抗了，几乎都是毫无抵抗的，不介意服从的，或者即使介意，最终也只能是放弃的。因此权力不需要必须是外露的。于是，父权制家长并没有对对方提出丝毫的承诺，但是却使对方产生了服从义务。"❶ 同样，母亲的权力也并非一直都是直接外露的。正如被迫接受包办婚姻的鲁迅所说："最悲哀的死是死于慈母和自己所爱之人误投的毒药。"❷ 正确认识中国式父权制背景下的"母亲的权力"，并对其压迫性一面进行觉醒性批判既是切断被卷入女性间压迫构造中来的女性的负面历史的一大战略，同时也是近代知识分子们，为了自身的近代思想的存立，对传统价值体系的宣战。

---

❶ ［日］仁井田陞．中国の農村家族［M］．東京大学東洋文化研究所，1952：170.
❷ 鲁迅．杂感［J］．莽原周刊第三期，1925－5－8．收录于：华盖集［M］.

# 第三章

# 民国时期～20世纪90年代“母亲神话”的解构

## ——女性作家所描绘的母亲形象

在之前章节中的用来讨论中国母亲权力的事例中，许多母亲都同时拥有母亲和寡妇的双重身份。但为了避免其理论的繁杂性，便忽略了其寡妇身份，将其划入“母亲”的行列里进行了讨论。但众所周知，拥有丈夫的母亲和寡母的权力状态存在巨大的差异。这是由于，寡母既有作为母亲的权威与权力，同时又作为儿子的上位者掌握着家长的实权。所以其对儿子和儿媳的影响力要远远大于有丈夫的母亲。在此，作者将继续紧紧围绕着寡妇这一对象进行研究；并将寡妇分为两个极端的类型，即手握权力的寡妇的类型和没有子嗣的寡妇的类型，分别进行考察。对于没有子嗣的寡妇的类型的研究将在下一章里提及，本章主要通过20世纪20年代至90年代的文学作品来概观研究作为最高权力者的寡妇的类型。

### 一、民国时期的寡妇的权力

近现代中国的家族大都是直系大家族（由两辈夫妇和未婚子女组成的三代同堂的家庭）或是两代之家（由一对夫妇和未婚子女构成），其权力往往掌握在辈分最高的寡妇手中。

为了了解民国时期寡妇的权力，我们要先知道被称为“当家（的）”的女性

在其家庭内部扮演着怎样的角色。

在中国家庭中，家事往往分为家务管理（家政）和日常家务两个部分。前者由家长负责，后者一般由主妇（母亲或儿媳）负责。而其负责人均被称为“当家的”。当丈夫逝世或外出不在时，即使长子已经成年，大部分的家庭也是由寡母负责日常家务，同时再承担起家政管理的责任，成为家庭内外实质上的家长。

如果再具体地进行说明，家长和负责管理家政的“当家的”具有本质上的区别。有时候，家长和“当家的”会由两名男性担任。但许多家长同时还兼任负责管理家政的“当家的”，所以便没有必要再继续分析家长和“当家的”的具体区别。但若严谨地区分，家长的主要工作是管理家产（家长作为家庭的精神领袖，其实质主要是负责管理家产。但对于没有家产的家庭来说，家长只是空有户主的虚名），与此相比，负责家政管理，总揽生产、消费、和外界交易等工作的“当家的”作为实际权力的领袖，在家庭内外都发挥着更重要的作用。因此，正如滋贺秀三所述❶，那些作为“当家的”负责日常家务的母亲在其丈夫逝世后，“私法上的家政管理的职责往往会回归到母亲手里。也就是说，母亲当家是非常常见的”。因此，不难推测，寡母成为日常家务和家政管理的统率者，手中掌握着相当大的权力。而且，寡妇的财产权虽然在1930年颁布的《新民法》中得到了认可，但其法律效力仅限于极少数城市，因此民国时期的寡妇实质上是基本没有财产权的。但是，儿子（们）未经母亲同意，一般是不能贩卖土地或私自处置家产的。寡妇虽然不是公法上的家长，但在家族观念上，负责日常家事和家政管理的“当家的”母亲实际上就是一家之长。也就是说，“在家父逝世的母子同居的家庭中，就一家之主这个问题……如果问家长是谁的话，一般人都会回答说母亲是家长”。因此，虽然儿子是公法上的家长，但寡母作为儿子的上位者，实质上掌握着家庭内部的支配权。

---

❶ ［日］滋贺秀三．中国家族法の原理［M］．创文社，1976年第八版：299～309．［日］仁井田陞．中国の農村家族［M］．東京大学東洋文化研究所，1952：245～266．中也提到，有的寡母既是“当家的”，也是家长。在这种情况下，当女人对外交涉不方便时，往往将相关权力委托给儿子或族里的其他男性。而关于一定程度上意味着承担家事的主妇的“当家的”，同样是［日］仁井田陞．中国法制史［M］．岩波書店，1952：250．记载，“主妇主持日常家事不是作为家长或丈夫的代理人的行为”，而是被视作母亲独立的使命和职责。

在日本，如果丈夫逝世的话，无论是名义上还是实质上，家长一般都由长子继承，成为寡妇的母亲的权力与自身的经济实力（财产的多少）成正比。但在中国，除了凡事都将经济方面的原因放在第一位的贫困阶层（即与个人意志无关、受客观条件影响无法尽孝的人群）外，无论哪个阶层，母亲都不受自身经济条件影响，继续持有相应的权力。与日本相反，一旦成为寡妇，中国母亲的权力反而会增大。在本章所介绍的文学作品中，就有即使十分贫困，但在母子关系中仍然具有强大发言权的寡妇。在下一章中，作为近年来的倾向，有即使家庭并不十分贫困，子女也对自己的寡母十分冷淡的案例。产生这种变化的首要原因是一直以来规定着父母与子女关系的孝的思想越来越缺乏，也就是说，只要这种旧的传统伦理规范在社会和家庭中都发挥着其作用，成为寡妇的母亲就会拥有其相应的权力。

在讨论寡妇的地位时，有必要讨论成为寡妇的妾的地位。即使是社会地位十分低下的小妾，特别是生下男嗣的小妾，随着年龄的增长，其在家庭内的地位也会相应提高，其命运也会随之好转。葛学溥（D. H. Kulp）于1923年在潮州凤凰村进行的农村调查结果中，记录了成为家族内最长者的妾的地位❶。

据葛学溥（D. H. Kulp）所述，在凤凰村有一个四世同堂的大家族，他们都一起住在祖宅里。祖父那一辈还剩下祖父的妾（Ⅰ—60）；第二辈人（祖父和正房妻子所生的长子及其妻子）均逝世了；第三辈是一家之长的长孙（Ⅲ—45）及其妻子；第四代是长孙的孩子。妾（Ⅰ—60）和祖父之间生了一个儿子，他结婚之后就从家里分了出去，但妾（Ⅰ—60）并没有和自己的儿子住在一起，而是一直守着这个祖宅，守着这个家。作为家长的长孙（Ⅲ—45）也有两个妾，住在别处的宅子里，所以，他也并不经常在这个宅子里。当葛学溥（D. H. Kulp）访问这家人时，是那个祖父的妾（Ⅰ—60）出来接待的。据其记载，“家长（Ⅲ—45）不在祖宅时，这个妾（Ⅰ—60）就成了实际的家长。她作为家里的长者，是大家尽孝和行礼的对象，受到了家里人最大的尊重”。当家长不在时，“祖父的妾的地位在家长之妻和其长子之上，所以家里的大小事情，她都有绝对

❶ ［美］葛学溥．（D. H. Kulp）Ccountry Life in South China［M］. Bureau of Publications，Teachers College，Columbia University，1925：162. 于1918年、1919年以及1923年在潮州凤凰村的调查记录。

的权威”。

在文学作品中可以作为类似参考的有巴金的作品《家》❶（1933年），其中有关于陈姨太的描写。她是祖父的小妾，作为在觉新的妻子生产时出面干涉，导致其难产而死的恶人登场。陈姨太常常侍奉祖父左右，十分了解高家的人际关系，一直看不惯忤逆祖父的觉新兄弟。在祖父死后的服丧期内，陈姨太说觉新媳妇在宅子里生产的话不吉利，命人把她送到了偏僻的城外待产，导致觉新媳妇在身体不适时无法得到适当的治疗，最终难产而死。

在张爱玲的小说《茉莉香片》❷（1943年）中，主人公的母亲无法和意中人在一起，不得不接受违背自身意愿的包办婚姻，而造成这一悲剧的正是祖父的小妾。母亲（碧落）恋人的家人来上门提亲时，“碧落的母亲还没有开口回答”，祖父的这个小妾就辱没对方，说“也不看看你们是什么身份”，把对方赶回去了。最终，母亲没能和心上人结婚，她和父亲之间也完全没有爱。在这种环境下生长起来的主人公往往会觉得精神不安、被失落感包围，十分苦恼。

在中国的一夫一妻多妾制度中，妾虽然不是家族内的正式成员，但也被承认是家里的一员。因此，当小妾成为寡妇，尤其是正房也去世后，小妾便能代替正房的地位；或是当其长寿，成为可以接受大家敬意的最年长者时，她也能够拥有相应的发言权。

到明治时期，日本的家庭结构发生了巨大的变化。在中世时期，从贵族到平民阶层，都是由正室妻子来掌管家庭内的事宜，可以说，正室妻子是当时家庭内部的“小宇宙”的掌权者。❸但到了近代，正室妻子被称为“主妇”，其一直以来作为儿媳和佣人的指挥者和监督者的形象逐渐弱化，逐步成为家庭内唯一负责家务活的人。如果按照这一发展历程来看的话，近代中国的母亲的权力状态与中世时期日本的正室妻子的权力状态十分相似。但和日本不同的是，近代中国的母亲所被赋予的在家庭内对子女们的辈分优越性和社会权力是非常大的。

在前近代时期，身份差异要远远大于男女差异，当时的男女差异显然只存在于相同身份、相同辈分的人之间。中国社会即使进入了近代社会，仍延续前近代

❶ 巴金．家［M］．开明书店，1933.

❷ 张爱玲．〈茉莉香片〉．1943. 张爱玲自选集［M］．海南国际新闻出版中心，1995：417.

❸ ［日］胁田晴子．日本女性史の軌跡とジェンダー史の課題［J］．思想898号，1999-4：205.

时期的习俗，身为上位者的女性自然能够轻而易举地压迫处于下位的男女。而且，依据丈夫的地位，妻子也能获得相应的地位。在丈夫的地位和名誉的影响下，妻子的社会地位能得到一定的保障。这种习惯是中国的已婚妇女能够在一些社会活动及整个社会中行使一定的权力的重要原因。由于民国时期讨论寡妇们的社会活动状况的文献基本没有，所以本书只能参考明清时期的相应文献❶。在这些文献中，明末时期的《金瓶梅》（第 92 回）中的吴月娘以及明末清初的《醒世姻缘传》（第 21、22、32 回）中的晁夫人等虽都是寡妇，但却积极地解决亲戚间的矛盾、参与慈善事业，作为当地的有权者开展了广泛的社交活动。这也说明，寡妇的对外行为受到了当时社会的认可，“男主外、女主内”的结构在现实生活中并不是绝对的。但是其作者认为，大多数女性还是处于男权社会的从属地位，妻子在家庭内或者在当地具有重要地位的属于少数，且这种地位是在家长去世之后才获得的。暂且不管这种解释对有丈夫的母亲来说是否恰当，就寡妇这一问题，通过上述研究可以发现，在中国传统社会，无论是在家庭内还是在社会活动中，寡妇的权力都要大于有丈夫的母亲。因此，我们也不难推断，这种状况一直持续到民国以后基本没有变化。

## 二、中国“母亲神话”的解构

成为寡妇之后，拥有强大的支配权的女性，对其子女以及儿媳施以暴力行为或精神压迫行为的故事，在中国的文学作品中并不少见，如冯沅君的《隔绝》《隔绝之后》，郁达夫的《茑萝行》，冰心的《最后的安息》（1920 年），张爱玲的《金锁记》（1943 年）等，都描绘了这一类型的母亲形象。而且，在现代文学中，也有很多描写这一类型的文学作品，如铁凝的《玫瑰门》（1988 年），池莉的《你是一条河》（1991 年）以及徐坤的《女娲》（1994 年）等。在这些作品的影响下，中国女性的两大形象之一的“强大的女性”形象逐渐被强化。

盛英在其著作《中国女性文学新探》❷（1999 年）中，对于那些描写“强大的女性”（主要是包括寡妇在内的手握较大权力的母亲）形象的女性作家的写作

❶ 赵世瑜．光明与黑暗的搏战——明清时期两性关系初探．闵家胤，主编．阳刚与阴柔的变奏［M］．中国社会科学出版社，1995：278.

❷ 盛英．中国女性文学新探［M］．中国文联出版社，1999：11、105.

意图进行了如下描述：女性作家视母亲为男权社会的合作者、共谋者，存“颠覆”之意，又通过母亲形象的变异揭示女人的负面和负效应，有“解构”之思，这样的女性文化视角与20世纪40年代的张爱玲颇为相似。盛英还指出，在这些近代文学作品中能够明显感觉到女性作家们想要颠覆男权主义、解构“母性神话”的意图。此外，她和德国的一位中国文学研究者，在就铁凝的《玫瑰门》的评价进行交谈时做出了如下阐述：

> 她告诉我，“美国的一些女权主义者不喜欢铁凝的《玫瑰门》”，理由是“她怎么能够把女人写得那么坏呢”？欧美女权主义者颠覆“母亲神话”的主要依据在于……结果母亲已成为了男权社会的“合作者”和“共谋者”。倾心于向男权文化发动攻势、并竭力提倡“姐妹之情”的美国女权主义者，她们当然不愿意从女性本体来解构“母亲神话”……我欣赏铁凝对司猗文“人性恶”的真实描摹与深入挖掘。这个艺术形象给予我的启示起码有两点：其一，女人的表现欲、权力欲一旦膨胀起来，“母亲”也会变成“恶魔”；其二，对女性本体的自审，应该是女性文化的重要组成部分……铁凝的《玫瑰门》通过对司猗文的解构，成功地进行了一次对女人自身的审判；其实，女性文学的独特魅力，就常常在于女作家的这种“自审”和“审母”之中。

铁凝的长篇小说《玫瑰门》❶（1988年）是以主人公司猗文和孙子“我”两个人的视角来交叉展开描述的。司猗文的婚姻生活十分不幸，没有半点儿爱情。在其成为寡妇后，就在家庭中和社会上不断扩张自身权力，自我表现欲十分强烈，对所有事物都抱有极大的攻击性。她的夫家由于丈夫的吃喝嫖赌及丈夫的死亡，开始破败，仅仅靠着她从娘家拿来的财产维持一家人的生活。自此，她开始了对公公和小姑子的报复。在儿子死后，她又将气全撒到媳妇身上，并且还干预孙媳妇的行为，是个既恶毒又狡诈的寡妇。不仅如此，她在社会活动中为了成为“积极分子”，用尽一切计谋。但她的家人无论怎样痛苦都服从她的命令。即使是媳妇改嫁后也一直侍奉她至死，孙媳妇也一直未与她断绝关系。

❶ 铁凝．玫瑰门［J］．文学四季创刊号，1988年秋卷．收录于：玫瑰门［M］．作家出版社，1997.

盛英对于她自身的疑问——为什么中国文学作品中的母亲不仅是对男性，还会对同性的女性也进行虐待和压迫？——做出了如下解答：女性也有表现欲和权力欲望，因此也是有可能变成恶魔的。她评价《玫瑰门》这种描绘变成恶魔的母亲的文学作品的意义就在于边缘文化的瓦解与再生，进而动摇男权中心文化的根基。即使是同样描绘压迫性的母亲，谢冰莹和冯沅君的作品存在着巨大的差异。对于“母亲神话”的解构也是如此，根据作家的个人意识不同，可以分为消极的解构和积极的解构。但无论哪一种，盛英都对其做出了极高的评价。

但在西欧社会，女儿一方面有想要和母亲心连心的欲望，另一方面对作为家长制的牺牲者和同谋者的母亲十分厌恶，并否定她们的做法。那些为了顺应家长制的统治而将自我牺牲视为美德的母亲只会成为女儿的反面教材，更何况，她们还想将这种生活方式强加于女儿身上。因此，西欧的女性文学作家的作品中，很少有描写母亲的作品，即使少数作品中提及母亲，也是母亲在作品的最开端部分就死了，或者描写的母亲住得离女儿很远，和女儿基本没有什么交流。可以说，其作品的特色是“母亲的不在和沉默”。20 世纪 70 年代以后，西欧文学作品中终于开始盛行“寻找、探索母性”的风潮，也逐步出现了一些试图寻找“消失”的母亲，使原被抹掉的母亲“复出”的文学作品。文学作品对母亲的负面形象展开描写（《“母亲神话”的解构》），并在理解母亲负面形象的基础上，跨越这种障碍，开始摸索新型的母女关系。文学作品的主题也从“母女隔绝”转变为“追求全新的母女关系”❶。这也是通过对母女关系中同性关系的全新模式的探讨与摸索，对抗家长制的一大战略。而其背景就在于伴随着女权主义中“母性神话”的土崩瓦解（《从母性的束缚中解放出来》）或被制造出来的女性形象的解构等理论层次的不断深化，作家们否定了作为制度的母性，而对作为创造性力量之源泉的母性的兴趣越来越浓厚。

如果将一直以来持续描写“母亲神话”的解构（即描写母亲负面形象、描写变成恶魔的母亲）的中国女性文学的发展历程和西欧女性文学的发展历程相比较，肯定会产生这样的疑问：为什么在以母女关系为主题的文学作品中，西欧的

---

❶ ［日］渡辺和子．フェミニズム小説論［M］．第六章「娘の母探し、母の娘探し」，拓殖書房，1993．以及［美］玛丽安·赫希．（Hirsch Marianne）母と娘の物語［M］．［日］寺沢みつぼ，译．纪伊国屋書店，1992：94～103．

创作主题逐渐变为“追求全新的母女关系”，寻求母女间的相互理解，而时至今日，中国的相关文学作品仍然紧紧围绕着“母亲神话的解构”这个主题，继续描写母女的“对立”或“绝对服从”？为什么西欧的母亲的压迫对象主要是女儿，文学作品也主要是描写母女间的感情纠葛，但在中国，其压迫对象（女儿、儿媳、儿子、孙子）的范围更广，甚至有时会有暴力压迫行为？盛英对此的回答是“女性的表现欲和权力欲望一旦膨胀，就会变成恶魔”。但这仅仅是从普遍来看或是从精神层面分析这一问题，并不能充分地解答这些疑问，而从历史层面和社会结构的层面来分析西欧的母亲的权力状态和母女关系与中国存在着怎样的差异是必不可少的。

迄今为止，中国文学一方面在大量运用慈爱、牺牲、忍让、顺从等词汇来描绘慈母的形象，创造出所谓的“母亲神话”；另一方面，又在反复描绘脱离了慈母形象、变得如恶魔般存在的母亲形象，逐步解构母亲神话。母亲在中国文学中不曾“消失”，因此没有必要在文学作品中让母亲“复出”。那么，对于和西欧社会存在巨大差异的中国社会中的“母亲神话”的创造和解构，应如何看待呢？下面，将通过具体的作品来进行具体分析。

## 三、母女关系——黄庐隐的《庐隐自传》

黄庐隐从出生那天起，她的成长过程中便没有母爱。据《庐隐自传》[1]记载，“偏偏在我出生的那一天外祖母去世了，母亲因此认为我是个不祥的小生物，无心哺乳我，只雇了一个奶妈把我远远地打发开。”（第2页）

她从小体弱多病，又爱哭，再加上脾气执拗，在失去了母亲的爱之后，就连哥哥们看见她也讨厌。妹妹出生之后，她就更加遭到冷遇。

> 在两岁的时候，长了一身的疮疥，终日号哭；母亲气愤得就差一棒打死，还是奶妈看着我可怜，同我母亲商议，把我带到他家里去养，如果能好呢，就送回来，死了呢，那也就算了，母亲听了这个提议，竟毫不踌躇地答应了。

[1] 黄庐隐．庐隐自传［M］．第一出版社，1934.

半年后，也许是乡村的空气好、阳光也充足吧，她的疮疥竟然好了。此时，本就是清朝举人（科举考试乡试合格者）的父亲要去湖南长沙担任知县一职。在从故乡福建去长沙的船上，她因思念乡下的奶妈和奶妈的孩子们哭了起来。父亲被她哭得心头起火，抱起她，想把她扔到河里去，恰好和一个当差的撞了个满怀，才救了她一命。但这件事给黄庐隐留下了很大的心理创伤。

在她6岁那年，父亲生了急病突然死了。幸运的是，北京的舅舅听到这个消息后马上把黄庐隐母女叫到他的家里一起居住。但对黄庐隐来说，这个有花园、总面积能住20人左右的豪宅并没有给她的生活带来丝毫幸福。教她识字的姨母因为她记不住而打她，母亲也经常骂她。当她被姨母和母亲打骂时，她很伤心，不解为何自己要这样被虐待。后来，她因为一点小淘气就被母亲关到了黑屋里。据其记载，“从此以后我更变成一只老鼠，一见人就逃开”。（第15页）

> 在这种虐待下，我除了哭，竟想不到别的办法……又过了两年，我已经九岁了，母亲永远对我是冰霜满面的，她是从心里憎厌了我，而我也真怕了她，夜里和女仆同睡在一个肮脏的房里，白天呢，就躲在花园里，这时我的心，没有爱，没有希望，只有怨恨。
>
> 每逢舅舅家里有什么喜事，或者请客，母亲总把我锁在另外的一个院子里，不许我出来见人，说我这种不要好的嘴脸，会使她丢脸，而哥哥妹妹打扮得像小天使般，在人群里飞翔。我起初为了这事很伤心，但后来也惯了。

后来她进入了基督教学校学习，这也成为她命运的转折点。学校是寄宿制的，还不用交学费。舅母和母亲本想着每个月交点生活费就能甩掉她这个累赘，是个不错的选择。舅母带着庐隐去面试时，向校长介绍庐隐“是个没有父亲的可怜的女孩”。因为没达到入学年龄，所以舅母虚报了两岁才把她送进学校。由于学校的伙食都是些粗茶淡饭，她营养不良生病了。大概过了半年左右，庐隐学会了写信（向母亲诉苦的信件），这让一直以来觉得庐隐愚笨的母亲甚是惊讶。

后来，她在哥哥的理解和支持下参加了高等小学的入学考试并成功考中，终于结束了教会学校的艰苦生活。这成功地改变了母亲对她的看法，周围的人也对她刮目相看。这也使她更加发奋、努力学习。13岁从高等小学毕业后，其母亲本想让她再次进入教会学校学习，但她瞒着母亲报考了当时的女子师范学校（中

学，五年学制)，并考上了。她当时并没有直接找母亲谈，而是等通知书到后，让哥哥替她去和母亲商谈，最终获得了母亲的同意。

1916 年，她从师范学校毕业后，母亲马上为她找了份中学教师的工作。庐隐一家之前一直靠着父亲去世时所分得的两万元家产的利息生活。但由于当时哥哥在外留学，家里的用款已经动了本金，所以母亲希望她能在经济上帮助家里。但因为教书的工作不是很顺利，所以她干了半年就辞职了。经朋友介绍，她辗转去了安庆的一所小学。

> 母亲听了我的话，怔怔地望着我道："你的哥哥们都还不曾毕业，家里用钱的地方又多，我愿你帮我两年，谁知你到底拗傲成性，一点儿都不能忍耐。"我受了母亲的责备也无话可答，后来我允许母亲到安庆仍寄钱回来……当车轮蠕蠕而动……在我心头没有离愁，没有别绪，只有一股洒然的情绪，充塞着我的灵宫。我觉得这十余年如笼中鸟般的生活，我实在厌倦了，时时我希望着离家，去过漂流的生活。

在此之后，她又换了两次工作。虽然一直被母亲斥责，但她并没有舍弃继续学习的梦想。1919 年，她终于得偿所愿，进入了北京女子高等师范学校（后该校改称为大学）学习。

如上所述，《庐隐自传》的前半部分，描述了她凭借自身力量从母女间的支配与从属关系中解放出来的过程。她既饱受母亲的虐待，但同时又意志坚定，开辟出了一条属于自己的人生道路。而她的行为和事迹对当时的女性来说，实在是一大壮举。例如，她在进入大学学习前，凭借自身本事赚取入学学费等。庐隐的母亲之所以反对她上大学有两点原因，一是经济上希望她工作后能挣钱贴补家用；二是对子女教育中的旧思想的坚持，认为"一个女孩子，只要中学毕业就很够了，还要读书做什么!"（第 56 页）但是她尽管因为母亲的不理解而感到悲伤，仍在心里暗暗发誓"就算母亲不允许，我也要考给她看看，反正到时候母亲也拿我没辙"。她虽然没有勇气和母亲对立、直接批判母亲的旧思想，但她自己解决了经济上的困难，使得自己的意愿能够达成。不可思议的是，在她的自传中竟丝毫没有感受到她因此而产生的自信和开心，这是为何呢?

> 在这个时期，我读书虽然算是很顺利，可是我的心境却很可悲，最大的

原因，是为了母亲不赞成我进大学，所以不但学费不帮忙，还要时时地责备我，我每当星期六回家去，总要流眼泪的。

但无论她在学习和工作上如何努力，她还是会被母亲责骂。这种没完没了的训斥让她很是苦恼。所以她周末经常不回家，一个人孤独地在宿舍过周末。就她来说，身体虽然得以解放出来，但思想解放并没有实现。

大学毕业后，她所受到的心灵创伤还是没有完全愈合，以至于她当时创作的以《海滨故人》为代表的作品，大都在讲述人生的悲哀和她的厌世观。可以说她从这种悲哀中摆脱出来，是在1930年和比自己年轻的李唯建再婚之后，那时他们的婚姻生活十分幸福。从作品来看，题材也逐渐由个人问题转向更为广阔的社会问题，但这段时光也只是昙花一现，1934年她就因为难产结束了短暂的生命，享年37岁。

在其遗作《庐隐自传》中，从出生到母亲逝世的26年间，其描写往往是围绕母亲的视线和反应展开的。这说明，在她自传的根基中，母女关系占据着一个非常重要的位置。除此以外，她还因和一位有妇之夫结婚，受尽了周围人的冷眼相待。在其结婚后，家庭负担使得她无暇写作。在丈夫死后，她回到丈夫的乡下老家后和婆婆也处理不好关系。在她的人生中除了和母亲的关系之外，还发生了很多值得抒写的事情。但这些描述很短，而且与这些克制感情的描写相比，还是在对母女的关系进行描写的部分，其个人感情格外突出。

中国的近代文学中，女性作家的作品大都带有很强的自传性色彩，能称得上自传的自传体小说除了《庐隐自传》外，还有谢冰莹的《女兵自传》（1936年）、黄白薇的《悲剧生涯》（1936年）、关露的《新旧时代》（1940年）、杨刚的《挑战》（1948年）、王莹的《宝姑》（1952年）等。这些作品在对作者个人的成长的描述中，尤其是在描述年少时光时，有将近大半的作品的描写都与母亲相关。例如，关露的《新旧时代》就如实地描述了母亲对于教养的严格程度给年少时期的作者留下了十分恐怖的印象，但作者以今时之眼光回首往事，深深感受到自己不理解母亲心情的不成熟，并在描写中包含了对母亲生活方式的同感。同样，谢冰莹在撰写自传时也回顾了对年幼时母亲的恶毒行为及强迫她接受包办婚姻的行为的愤怒和恐惧心。对此，她并不是从感情的层次上，而是作为思想问

题进行了严厉的批判。除此之外，黄白薇的作品虽然在最初对其母亲的专制和暴躁的脾气进行了抨击，但当母亲认识到不该强迫她接受包办婚姻，对她的不幸的婚姻生活表示同情时，她对母亲的批判便收了起来，而是将批判的矛头转向父亲所代表的男权社会。虽然她们所描绘的母亲形象有所不同，但共同的一点是，当她们以当下的视角再次讨论过去和母亲的关系时，都将母亲客观化，通过与母亲保持关系或是与母亲断绝关系，各自在自己心目中都制造了一个"母亲形象"。但黄庐隐与她们不同，她对母亲的憎恨在执笔撰写时依然十分强烈，并且没有重新对母亲的历史和思想进行批判。

有趣的是，在下面所引用的一段内容中，和庐隐以往所描绘的压迫性的母亲形象截然相反，反而描绘了一个慈母形象。这是在其母亲去世之前的年末，她因收到来信有急事要出门时，母亲用温柔的言语来留住她的情景。

> 我当时把信给母亲看过，母亲脸上露着不忍离别的热情，和声说道："差五六天就到新年了，你一去不是不能在家过年了嘛！"我听了母亲这话，又看了母亲那慈和的面容，我就想不走，但……

突然加进去的这段描述，使得《庐隐自传》所描绘的恶魔般的母亲的形象被动摇，从而使其母亲的形象分裂成了两个不同的形象。庐隐为什么会加入这段描述呢？是由于母亲当时难得的亲切、温柔让她感到高兴吗？

母亲在此之后不久就去世了，这也成了母亲和她最后的谈话。据《庐隐自传》记载，在此前数年，母亲对她的态度就变得温和了。可能是因为她大学毕业后成了中学教师，并将小说的部分稿费寄给母亲吧。尽管庐隐知道母亲的让步并不是出于对她的理解，只是因为金钱，但当母亲去世时，她在小说中对自己的感情做出了如下描述：

> 在儿时我虽然不被母亲所爱，但是以后几年为了我的努力，母亲渐渐地对我慈和，同时呢，我是个感情重于理智的人，所以对于母亲仍然有着极深的眷恋。

从庐隐的角度来看，她和母亲的关系正如她书中所述，她试图通过她自身的努力得到母亲的认可，具体来说就是在学习上取得优异的成绩，工作后将工资交给母亲。庐隐生性内向、意志坚定，所以她既不会对母亲进行批判，也不会对母亲屈服，只是通过在母亲面前展示自己努力的成果来接近母亲，借此来降低对母亲的恨意也只是她在不知不觉中找寻到的一种自我精神救赎的方法。但在庐隐看来，这就是女儿对母亲的“孝”、女儿对母亲的爱。这种本应与生俱来的骨肉亲情需要她依靠自身努力来主动争取。她一心向往着母亲的爱，一直十分渴望能够有机会缓和和母亲的关系，而这个机会直到母亲进入晚年变得和蔼之后才出现。

作为比较，让我们来看一看与庐隐有相似童年经历的萧红。萧红也是本能地将母亲分为两个截然相反的形象来看待的。萧红的父母一直想生个男孩，所以她的出生违背了父母的期望，再加上她出生的日子不吉利，所以母亲待她一直不好。据《呼兰河传》（1940 年）所述，“等我生下来了，第一给了祖父无限的欢喜，等我长大了，祖父非常的爱我……虽然父亲的冷淡、母亲的恶言恶色、祖母用针刺我手指这些事情，都觉得算不了什么”。她虽然没有得到父母的爱，但是和祖父却很贴心。

萧红的母亲在她 8 岁时就病死了。母亲逝世 15 年后，萧红在其小说《家族以外的人》（1936 年）❶ 中回顾了小时候母亲对她的态度，当她偷吃了馒头和鸡蛋，或是尿裤子时会受到母亲的体罚。母亲在教育她时，经常会对她暴力相向，或是责骂她。而她在这部小说中也毫不隐晦地表达了她对母亲的强烈恐惧感和憎恨。此外，她在 1937 年完成的小说《感情的碎片》❷ 中对母亲去世时自己的心境做出了如下描述：

> 母亲并不十分爱我，但也总算是母亲……
>
> “母亲就要没有了吗？”我想。
>
> 大概就是她极短的清醒的时候：
>
> “……你哭了吗？不怕，妈死不了！”
>
> 我垂下头去，扯住了衣襟，母亲也哭了。
>
> 而后我站到房后摆着花盆的木架旁边去。我从衣袋取出来母亲买给我的

---

❶ 萧红．家族以外的人［J］．作家第二卷第一、二期，1936－10、1936－11．收录于：萧红全集［M］．哈尔滨出版社，1991．关于萧红的生平事迹，丁言昭．爱路跋涉［M］．台北：业强出版社，1991．；季红真．萧红传［M］．北京：十月出版社，2000．中有详细介绍。《呼兰河传》的相关信息请参考本书第一章的注 13．

❷ 萧红．感情的碎片［J］．好文章第七期，1937－4－10．收录于：萧红全集［M］．（前注 11）

小洋刀。

“小洋刀丢了就从此没有了吧?”于是眼泪又来了。

“但也总算是母亲”，萧红的这句话表达了她和母亲的牵绊及难以斩断的骨肉之情。当萧红看到母亲的遗物——小洋刀时，第一次感到母亲离自己那么近，和母亲的距离也在那一瞬间被缩小了。她在《家族以外的人》中表达了对母亲的愤怒，但几乎同时期，她又在《感情的碎片》中充满柔情、爱意地描述了和母亲的牵绊。同黄庐隐一样，萧红的这两部小说表明女儿面对强大的母亲时的复杂心境。后来，她又改写了《家族以外的人》，并将其编入《呼兰河传》中，但母亲体罚她的场景却被删除了。或许，无论是黄庐隐还是萧红，都试图通过对“恶魔般的母亲”形象中加入曾经极少出现过的“慈母”的形象来寻求自身对亡母的原谅，并治愈母亲给其带来的心灵创伤吧。黄、萧二人的共同点在于她们对母亲都抱有两种截然不同的印象和态度。但是，萧红的母亲在其年幼时便去世了，所以他将母亲分为两个不同形象来看待是理所当然的，而庐隐所描绘的“慈母”形象，或许多半只是成年后无法和母亲断绝联系、一直以来深受母亲束缚的她，作为女儿特意创造出来的假想的母亲形象。庐隐只是通过撰写自传、用“慈母”的元素来装点母亲最后的形象，试图一点一点从母亲的单方面的支配和掌控中摆脱出来。由此可见，成为寡妇的强大的母亲作为家族权力的最高行使者，给女儿带来了巨大的痛苦和恐惧。

## 四、失败的“母亲的造反”——袁昌英的《孔雀东南飞》

接下来将从众多描绘寡妇形象的中国文学作品中挑选两篇——《孔雀东南飞》《金锁记》进行具体介绍。这两部作品都是描绘了“恶魔般的母亲形象”，并试图对寡妇形象进行创新的作品。

我们先了解袁昌英（1894—1973 年）的《孔雀东南飞》（1929 年）❶ 中描绘的寡妇形象。

《孔雀东南飞》是基于古乐府长篇叙述诗“焦仲卿之妻”的题材创作的。此

❶ 袁昌英．孔雀东南飞．［M］．撰写于1925年5月。收录于：孔雀东南飞及其他独幕剧．第一册．［M］．商务印书馆（1930年第一版1940年第四版）.

诗的首句——“孔雀东南飞”在民间十分流行，可谓是家喻户晓。但此诗的作者不详，其创作年代也有诸多说法，有说汉代，也有说六朝。❶

故事主要讲述了汉末建安年间，庐江府的小官吏“焦仲卿”的妻子“刘兰芝”因为被婆婆嫌弃而回到娘家，但其娘家人又逼其再婚，无奈之下兰芝投井自杀。听闻这个消息的焦仲卿也在树上上吊自杀了。二人死后合葬在华山旁，两人的墓的东西两侧分别种了松柏，左右分别种了梧桐。据说，后来这几棵树的枝叶互相交错，并从中飞出了一对鸳鸯，一边啼叫一边朝着对面飞去。

后来这个故事被改编为各种体裁的作品，有歌颂夫妻二人感情的，有抨击拆散相爱的二人的封建礼教的，也有讲述女性缺乏自由的苦难生活的。无论如何，这些作品都是基于作者对这首诗的不同理解创作的，仅民国时期就有熊佛西的《兰芝与仲卿》（独幕剧）❷（1929年）、袁昌英的《孔雀东南飞》（三幕剧）（1929年）、欧阳予倩的《同》❸（京剧）（1946年）等作品。中华人民共和国成立后，具有代表性的作品有1950年在民间采风的基础上创作的越剧《孔雀东南飞》❹等。纵观这些作品，不变的是仲卿的母亲和兰芝的哥哥一直都是作为反面人物出现的。但因为作者对拆散仲卿、兰芝的原因的理解不同，人物的性格和家庭经济状况也就变得多样化。不仅是民国时期的作品，迄今为止基于“孔雀东南飞”的故事所创作的大多数作品基本都没有对仲卿母亲进行浓墨重彩的描绘，或者是没有特别关注仲卿的母亲的形象。而袁昌英的《孔雀东南飞》和其他作品不同，其围绕着仲卿母亲的寡妇形象展开了描述，其作品的特色就在于生动地、突出地表现了仲卿母亲作为寡妇的精神孤独及其对独子的异常的执着心。

我们先了解一下袁昌英的创作意图❺。

> 自中国做婆的自古就有绝对的权威处置儿媳的。焦母之骗退兰芝不过是执行这一权威罢了。然而这个答复并不能满足我。我觉得人与人的关系总有

---

❶ ［日］田中谦二. 中国詩文選22 楽府　散曲［M］. 筑摩书房，1983：73～117.

❷ 熊佛西. 兰芝与仲卿（独幕剧）［J］. 东方杂志第26卷1号，1929－1.

❸ 欧阳予倩. 孔雀东南飞（京剧，北京宝文堂1955）［J］. 欧阳予倩文集第二卷，中国戏剧出版社，1980. 执笔于1946年.

❹ 马彦祥，编.（越剧）孔雀东南飞［M］. 上杂出版社，1951. 1950年全国各地所采集的地方剧之一。

❺ 袁昌英. 孔雀东南飞序言［M］.（前注13）1、2页。

一种心理作用的背景。焦母之嫌兰芝也是一种心理作用。由我个人的阅历及日常见闻所及，我猜度一般婆媳之不睦，多半是"吃醋"儿子的作祟……母亲辛辛苦苦亲亲爱爱一手把个儿子抚养成人，一旦被一个毫不相干的别个女子占去，心里总有点愤愤不平。年纪大了或是性情恬淡的人，把这种痛苦一个人承受。但若是年纪轻或是性情激烈、不幸的人或是寡妇的话，仲卿和兰芝的悲剧产生便是不可避免的。

袁昌英在完成这部作品后，寻求了众多人的意见。苏雪林看了其作品在武汉的公演之后，这样描述了当时观众的反应❶：

可惜那晚的观众死抱着五四以来反对家庭制度的问题的观念来看这个心理悲剧，始终将焦母当作一个自逞其私压迫儿媳的泼悍妇人，不知给她一丝同情，所以他们听了演员呕心沥血吐出来的悲痛言语，不但不知动心，反而哄堂哗笑。明明这是一个极其严肃的悲剧，以那晚剧场空气而论，倒变成一个令人笑乐的喜剧了。这并不是演员的失败，说句不很客气的话，其实是那晚观众程度太浅，还不够欣赏高尚悲剧的缘故……但连日阅本报批评……对本剧则诋毁唯恐不足，甚至牵涉到剧本本身上去……像《孔雀东南飞》这样一个剧本，居然蒙了"陈腐""低级趣味"的讥笑，则我不能不引为诧异了。

袁昌英的《孔雀东南飞》的上演，存在技术上的问题（服装、语言等）❷。但究其失败的原因，则应从多个角度来讨论，在此就袁昌英对焦母（焦仲卿的母亲）的描写方式进行探讨。

在第三幕中，焦仲卿追随投井自杀的刘兰芝的脚步，也自杀了。当焦母听闻这一消息，整个人都喘不上气、精神错乱，误以为地上的草堆是自己的儿子，抱起来就是一顿爱抚。而这也是全剧的高潮。袁昌英本想借此来勾起观众的悲伤和眼泪，不曾想却引得满场哗然、哄堂大笑。当然，这一幕是为了表现失去独子给

❶ 苏雪林．孔雀东南飞剧本及其他上演成绩的批评［M］．《青鸟集．一册》商务印书馆，1938：36～39.

❷ 向培良．关于演剧并致学林先生［M］．收录于：青鸟集．一册［M］．（前注19）向培良指出，剧本不适合演出。

寡妇带来的打击之大。但回顾一下剧情，被嫉妒蒙蔽了双眼的焦母苛责儿媳，并将儿媳赶出家门，其后对儿子进行精神上的压迫，焦母对自己曾经的这些行为丝毫没有反省，只是一个劲地表达自己对儿子的所谓的“爱”。因此，这一幕很难摧毁观众们心中对寡妇的固有印象，也就很难引起他们的同情和悲伤了。

焦母当时三十六七岁左右。在十年前丈夫过世，从她年纪轻轻便成为寡妇的那一刻起，她就对自己的一生做好了规划和决定：替儿子管理丈夫留下的遗产、将儿子抚养成人，然后再抱个大胖孙子。而且，她和体弱多病的儿子之间的母子融洽的美好时光很短，所以无论是母爱还是对异性的爱，焦母将其所有的爱都倾注到了儿子身上，但儿子却找到了其他的所爱的人，离她而去。焦母认为儿子被儿媳抢去是对她的不公平，她向天倾诉道：

> 若是天地间稍有公道，为什么不让我们保持这痛苦中捞着的一点幸福？你们的律令果真是这样不公允，天下的母亲难道不知造反吗？❶

在传统的中国社会中，寡妇从服装、发型到感情生活全都被规定好了，她们只能默默地接受这种不自由的生活。好不容易把儿子抚养成人，让儿子结婚，自己也终于确保了一家之主的地位，此时，长期以来在父权体制下深受压迫的寡妇们的心境也开始发生重大变化，并通过对媳妇的嫉妒将自身的苦楚和怨气一下子爆发出来。

但遗憾的是，袁昌英所描绘的“母亲的造反”并不是对父权制的反抗，只是赶走儿媳罢了。焦母是想把兰芝赶走，再给儿子找一个对儿子彬彬有礼、对焦母自己也十分温顺的女性，所以，她一直不断地欺负儿媳，并频繁地在儿子面前展示自己的权威，以此来让两个年轻人绝对服从于她。焦母并没有选择反抗传统父权制对寡妇的制约的道路，而是选择追随传统父权制的道路，因为这样可以最大程度地行使寡妇的权力。

在其他有关《孔雀东南飞》的故事中，虽然也有描写焦母在看到儿子儿媳十分和睦时的不快和儿子被儿媳所夺走的母亲的寂寞的情景，但人们大都关注在母亲的残暴之下，仲卿、兰芝这对年轻男女之间的不幸的命运，基本没有关注引

---

❶ 袁昌英．孔雀东南飞［M］．（前注13）39.

起婆婆嫉妒或者愤怒的原因。而袁昌英却注意到寡妇的感情生活并试图将寡妇的形象更加丰富化、立体化，因此，本应对她的这一尝试予以高度评价，但如上所述，袁昌英一面承袭一直以来的传统模式——描绘"母亲的权力"下母亲所采取的压迫性行为，另一方面又讲述寡妇的不幸和孤独，这只会让其真实意图难以传达给观众，最终使得其作品被蒙上过度注重感情表达的"低级趣味"作品的污名。袁昌英是基于古希腊的悲剧原则对《孔雀东南飞》的故事进行改编的。在其看来，仲卿和兰芝的悲剧是不可避免的命运。但是，和西欧社会不同的是，中国社会有其特有的母子关系和婆媳关系，而袁昌英在创作时，完全没有将这些因素考虑进作品中，因此，这部作品最大的致命伤是袁昌英完全没有认识到，导致仲卿和兰芝的悲剧产生的真正根源是父权制统治下，寡妇们越来越偏执，其心灵也越来越狭隘，从而导致母亲对儿子的自然的母爱变质了。

## 五、父权制的破坏者——张爱玲的《金锁记》

当支撑父权制统治的女性们的权力平衡被打破时，家族就会变得四分五裂或者分家，从而使得父权制结构的统治逐渐弱化，有时也会由于女性们自己有意识地破坏婆媳关系、妯娌关系、妻妾关系，导致父权制结构的统治被弱化。在此将就张爱玲的小说《金锁记》❶（1943 年）进行具体考察，而这部作品从女性的角度在一定程度上动摇了父权制结构。

对《金锁记》的女主角"七巧"的相关研究有很多。但本节仅就她的后半生进行考察，即七巧成为寡妇，和儿子女儿一起从家里分了出去，成了儿子和女儿的统治者、支配者之后的这个时期。

丈夫死后，小叔子"季泽"便和七巧分了家。学者邵迎建认为，此时"作为'女性'的七巧已经死了"，自此之后，"作品的后半以'父亲的影子'七巧和她的儿子、女儿的纠葛为中心展开"❷。也就是说，此时的七巧已经变得疯狂，其作为父权的代理人（即父亲的影子）一直压迫着儿子和女儿。教育尚未成年的孩子们并"撑起门面"，确实是作为家长和父权代理人的七巧应该做的事情，

---

❶ 张爱玲．金锁记［J］．杂志 12－2、12－3，1943－11、12. 引用部分为［日］池上贞子，译．「金锁记」倾城之恋［M］．平凡社，1995－3：88～89、74、103～104.

❷ 邵迎建．论张爱玲《金锁记》［J］．东方学第 89 辑，1995－1：87～88.

但是让儿子和女儿染上鸦片，一次次破坏女儿的婚事，将儿媳硬生生地逼走、破坏儿子的家庭，七巧的这一系列行为可以说是“父亲的法的被害者成了可怖的执行者”。一般在进行研究时，都会将压迫性的女性“男性化”处理，将其视为男权文化的代行者，但这只是对那些持有男权中心的价值观，参与维护和强化父权制统治的女性而言的，那些十分渴望权力的女性绝非都是如此。

当七巧看到女儿恋爱后洋溢着幸福的表情时，“不由得有气，便冷言冷语道：这下子跳出了姜家的门，趁了心愿了，再快活些，可也别这么摆在脸上呀——叫人寒心”。这既是七巧作为同性对女儿即将获得自由和爱情的嫉妒，也是其作为母亲希望女儿一直陪在自己身边的执着想法及扭曲表现。不仅仅是女儿自己，周围的人也认为女儿的婚事很理想，可是七巧却故意挑对方的刺儿，导致女儿不得不放弃婚约。当女儿和对方开始以朋友的身份交往时，她又特意将那个男子叫到家里来，让他看看自己和女儿一起吸食鸦片的样子，从而使对方心中对女儿本可以保持到永远的好感彻底摧毁。而且七巧四处散布儿子“长白”和儿媳的房事，也并不是为了维持父权制的统治、让儿媳顺从她，只是由她长期以来被压制的“性”所引发的异常的嫉妒罢了。

> 七巧眯缝着眼看着长白。这些年来，她的生命里只有这一个男人。只有他，她不怕他想她的钱——横竖钱都是他的。可是，因为他是她儿子，他这一个人还抵不了半个……现在就连这半个人她也保留不住——他娶了亲。

七巧带着儿子吸鸦片，当儿子开始出入窑子，她又给他纳妾，这一系列行为都是为了把儿子留在家里，留在自己身边。她的这些行为也都是在丈夫死后，七巧摆脱了儒家父权制文化所强加于她的“妻子的角色”之后，对接下来又被强加上的“寡妇的角色、责任”十分抗拒，想要摆脱性别规范、释放自身欲望的表现。七巧之所以对金钱十分执着，是因为金钱才能保障她的这些行为。她对小妾和儿媳的压迫也是出于对她们的嫉妒和复仇，因为她们夺走了她深爱的男人。她对儿子和女儿的精神压迫也只是所谓的“母爱”被无限扩大的结果。如果说她是被男性价值观同化的“父亲之法”的执行者的话，她应该为了维护家庭秩序和巩固自身的支配权，让儿女远离鸦片，积极促成女儿的婚事，注重传宗接代，而不是一个劲儿地虐待儿子的老婆和小妾，逼得她们自杀。但当儿子的小妾

生了个儿子的时候，文章完全没有描述七巧高兴、庆贺的状态，只是在讲述女儿和恋人的永别，以及缠绵于病榻的濒死的正房妻子的悲凉的形象，还追溯到，小妾之后成为正妻，但在一年后，小妾也吞食鸦片自杀了。

本应在七巧手里继续传宗接代，继续存续、发展的姜家，因为七巧的这一系列行为濒临瓦解。七巧死后，这对心如死灰、对婚姻不再感兴趣的兄妹在瓜分遗产后，就默默消失在了这个城市中。也就是说，七巧的行为并不是巩固父权制的统治，恰恰相反，是在对父权制的统治进行破坏。

> 七巧似睡非睡横在烟铺上。三十年来她戴着黄金的枷。她用那沉重的枷角劈杀了几个人，没死的也送了半条命。她知道她儿子女儿恨毒了她，她婆家的人恨她，她娘家的人恨她……喜欢她的有肉店里的朝禄，她哥哥的结拜弟兄丁玉根、张少泉，还有沈裁缝的儿子。喜欢她，也许只是喜欢跟她开开玩笑，然而如果她挑中了他们之中的一个，往后日子久了，生了孩子，男人多少对她有点真心。七巧挪了挪头底下的荷叶边小洋枕，凑上脸去揉擦了一下，那一面的一滴眼泪她就懒怠去揩拭，由它挂在腮上，渐渐自己干了。

当女人拒绝基于男权中心原理，强加在自身上的女儿、妻子、母亲，寡妇的角色和职责时就会被视为对父权制思想体系的反叛，被周围人当作疯子。张爱玲的《金锁记》的难能可贵之处就在于，首次在文学作品中描绘奋不顾身地从内部动摇父权制统治的女性形象。张爱玲没有让笔下的七巧放弃自己所掌握的权力，而是让她最大限度地发挥了权力，从而使母亲的形象发生异化。张爱玲试图通过这部作品将“恶魔般的母亲”连同中国的父权制统治一同葬送掉。对从父权制的被害者转变为父权制的破坏者的七巧这个寡妇形象的生动描绘，给予了之后的女性文学无法估量的深远影响。

## 六、对“母亲的权力”的挑战——徐坤的《女娲》

中国近代文学所描绘的寡妇形象大致可以分为两大类：毫无权力的悲惨的寡妇和手握权力的强悍的寡妇。除此以外，许多爱情小说也描绘了一些寡妇形象，如由叶鼎洛撰写的讲述寡妇和侄子之间的爱情的《未亡人》❶（1928年），刘蘅静所撰写的讲述富有的寡妇的恋爱经历的《寡妇的心》❷（1932年）等。这些作品大都是依据作者的个人兴趣对寡妇的“自由的性”进行描绘，但进入社会主义中国后，现代文学所描绘的寡妇形象变得多样化，除了以上两大类之外，还有柯夫所撰写的《杨梅子寡妇》❸（1958年）——讲述了将寡妇从经济贫困中解救出来，响应当时社会政策的翻身故事等；以及古华的《贞女❹》（1986年）——讲述了中华人民共和国成立后，寡妇们从被压迫的对象翻身做主人，其恋爱也从其内心潜在的传统婚姻观念中逐渐解放出来的故事等。而且，这些作品对寡妇形象的描述都越来越深刻。

在现代文学中也有许多塑造恶魔般的母亲形象，强烈打击了由慈母形象所衍生出的“母亲的神话”的作品，如铁凝的《蔷薇的门》、池莉的《你是一条河》、徐坤的《女娲》、陈染的《只有一只耳朵的敲击声》、徐小斌的《天籁》、方方的《落日》、霍达的《穆斯林的葬礼》、残雪的《山上的小屋》等。这些作品中所描绘的母亲基本都是寡妇。接下来我们围绕作家们对“母亲的神话”进行解构的创作意图，对徐坤的《女娲》❺（1994年）和方方的《落日》进行具体的作品分析。

徐坤在其作品《女娲》❻中讲述道，其只能够借助于“代代交替相传的一杆烟袋”“从乡村一直转到城里的那扇磨盘”“升天下凡送走而又迎回的灶王老爷”等，“这些周而复始循环往复的无穷喻象，来解构一部生生不息的民族历史”。也就是说，她试图通过生活在边缘中的普通人的“历史”来解构以文字的形式一直延续至今的光辉的民族历史。小说名中的“女娲”是中国创世神话中的一位女神仙。起初，女娲一直兢兢业业地用捏泥人的方式来创造人类，但时间一长，她就厌倦了这一工作，便开始用藤蔓搅和泥水，最终使得做出来的人都很

---

❶ 叶鼎洛．未亡人［M］．花城出版社，1996. 1928年4月执笔．

❷ 刘蘅静．寡妇的心［M］．神州国光社，1932.

❸ 柯夫．〈杨梅子寡妇〉作品［M］．1958－9.

❹ 古华．〈贞女〉花城［M］．1986－1.

❺ 徐坤．女娲［M］．河北教育出版社，所收。本书引用部分为此版本。之后刊载于：中国作家［J］．1995－5.

❻ 徐坤．〈关于《女娲》（代跋）〉女娲［M］．（参考注28）1994－10－9：344.

小。据说，世间的有钱人都是女娲自己捏出来的泥人，穷人都是她用藤蔓做出来的。可以说，女娲是中国历史的创造者。那么，徐坤在解构作为正统的历史的同时，想要如何解放那些被牢牢禁锢在周而复始循环往复的历史中的女性呢？

故事发生在灶王爷升天的1930年12月23日。在旧满洲地区（现东北地区），这一天是家家户户送灶王爷的日子。不足十岁的李玉儿以10元钱和5斗高粱的价格，被卖到于家做童养媳。玉儿的父亲已经逝世，所以母亲要带着妹妹一起改嫁，这也是玉儿和母亲的最后一次见面。虽说玉儿是被于家买来给家里的独子做媳妇的，但当时她的丈夫仅仅是个八岁的孩子，而且于家只有一个下人——长顺——于家捡来的孤儿，所以家里的活儿基本都落在了年幼的玉儿的肩上。后来，玉儿稍微长大点儿后，地里的农活也都成了她的任务。尽管如此，玉儿还是受到了婆婆的残忍虐待。在玉儿刚到于家的第二天，"长顺只是吃惊，才一个晚上，玉儿的眼睛就已经肿得跟烂桃子似的，圆圆的小脸也扭曲得走了形。想必是已经挨过婆婆的打了。这村里头，哪有婆婆不打媳妇的呢"？玉儿由于受不了婆婆的虐待也逃跑过几次，但最终都被抓了回来。她甚至还数次想要自杀。四年后，玉儿从少女长成了一个成熟女性。公公经常十分亲切地找玉儿搭讪，让玉儿和他发生关系。不久，玉儿怀孕了。公公害怕事情败露，便找来堕胎药的偏方，并逼迫玉儿把堕胎药喝下去，玉儿因此十分痛苦。更不幸的是，玉儿怀孕的消息被婆婆知道了。婆婆扒光了她的衣服，在公公、丈夫和长顺面前鞭打她的全身，直到玉儿背过气儿，晕厥了过去。最终，玉儿还是没有将公公供出来，并且硬撑着把孩子生了下来。只是不知是堕胎药的原因，还是由于婆婆的虐待，玉儿生下来的儿子是个智障。后来，尽管和丈夫没有爱情，但玉儿还是和他生了好几个孩子。1949年中华人民共和国成立，于家由于过去是地主，所以一切财产都被没收了，一家人只能流浪街头。1960年闹饥荒的时候，玉儿的丈夫病死了，她一个人供养着八个孩子和婆婆。她和孩子们一起捡煤渣子，做些缝缝补补的工作，凭借她一人之力苦苦支撑着这个破败的家庭。但是食欲旺盛的婆婆由于无法忍受饥饿，经常骂她不孝，并像往常一样用长烟袋杆儿打玉儿。

但这个时候的玉儿似乎很积极地接受婆婆的虐待。因为她意识到，自己也即将成为子女们尽孝的对象，她希望孩子们看到她十分顺从婆婆的姿态，将来也像她对婆婆一样对她尽孝，因此，她一心侍奉婆婆。婆婆也似乎看穿了玉儿的意图，越发厉害地虐待起她来。不过令玉儿没想到的是，二儿子由于从小就被祖母教大，一直以来都十分憎恶玉儿。所以当他看到玉儿对婆婆的姿态之后，反而“和他奶一样、他只把他娘当作是吆来唤去的奴婢”。

以上内容，描述了一位名叫“玉儿”的女性的堪称地狱般的充满屈辱和忍让的真实生活。这部分的内容十分精彩，但这部小说的特色在于小说后半部分对玉儿手握家里的支配权之后的生活的描述。

20世纪60年代中期，中国社会全面爆发了“文化大革命”运动，于家也受到了这一风波的影响。过去婆媳之间、母子之间严格的身份关系和地位差异也渐渐开始松动……

在此之后，二儿子就去北方的油田工作，再也没回来。玉儿的婆婆虽然从批斗中挺了过来，并且活到很老，但从那时候开始，家里的实权便落到了玉儿手上。于家的这种权力的交替没有等到婆婆死后，意想不到地被提前了。

不过，玉儿却没能像婆婆那样尽情行使自己的权力，因为三儿子夫妇离她而去。

三儿子是兄弟六人中（五儿子夭折）学习最好、性格最为温顺的，所以玉儿对他最为疼爱。但就是这个她最疼爱的儿子，从师范学校毕业后不久就提出想要和城里的一位女孩结婚。玉儿一方面因儿子长大成人而感到高兴，另一方面又因为眼睁睁地看着自己含辛茹苦养大的儿子被别的女人夺走而感到十分痛苦，所以，她向三儿子讲述了自己作为寡妇的苦楚，并责备其将整个家庭交给二儿子、自己离开家里的任性想法和行为，让三儿子等到二哥成家之后再结婚、离开家里。

但是三儿子以结婚后仍和家里人住在一起、自己的工资全部交给家里等条件，终于让玉儿答应了其结婚的请求。玉儿虽然内心有诸多不满，但考虑到能和城里人结成亲家，便也勉强答应了。婚后的第二天，是玉儿正式开始以婆婆的身份管教儿媳妇的日子。但当玉儿洗漱、整理结束后，却怎么也没见夫妇二人起来，因此，藏在她心中的怒火突然就爆发了，开始冲着三儿子大吵大闹。但没想到的是，三儿子却偏袒妻子。当玉儿叫醒儿媳，让她去给祖母点烟草时，三儿子回道：“她是城里人，不了解这种习惯。”这越发激怒了玉儿，她不仅让儿媳也把工资交给家里，彻底断了夫妇二人的经济自由，还让儿媳必须去给祖母点烟

草。当儿媳不方便时便由三儿子代劳，以此作为他偏袒媳妇的惩戒。而且还让儿媳在吃饭时，一直侍奉在自己和婆婆左右；饭后继续让她学习于家的规矩，学习纳鞋底、做棉被、絮棉袄。不仅如此，儿媳下班后还要做针线活做到很晚，三儿子也要在睡前一直侍奉在玉儿身边。

> 他娘看着儿子的眼皮实在困得睁不开了，估摸着回屋倒头就能睡下，不会再有精神跟媳妇厮磨干炕头上的事，这才下了赦令放儿子回。儿子是属于娘的，任谁也不能从娘的身边给夺了去，那个高颧骨的小白骨精更是休想。

玉儿最终成功地压制住了这个城里的儿媳妇，儿子也对她绝对服从。直到数年后，儿媳生了一个男孩。玉儿不满儿媳妇养育儿子的方式，便说要自己替儿媳带孩子。三儿子在妻子和母亲之间受了长期的夹板气以后，"终于还是'孝'字占了第一位，把孩子抱过去交给娘了"。而这一行为也彻底引爆了妻子的愤怒，说道："这个家只把她当作了会干活能生养的传宗接代工具。"最后，妻子不顾尚未断奶的儿子，强拽着老公一起离家而去。由于丈夫的愚孝和让步，儿媳最终和婆婆彻底决裂、诀别，而儿媳也为此付出了不得不将儿子留在家里后离家的巨大牺牲。但和旧时代的儿媳相比，这是一种巨大的变化，意味着一直以来被认为持久不变的婆媳关系正在一点点变化。当玉儿把孙子抢到手后，就如之前婆婆在二儿子面前说玉儿的坏话那样，她开始在孙子面前不断地说儿媳的坏话。玉儿丝毫没有想要在自己手中斩断这种循环的世代间压迫的想法。

不久之后，玉儿的二女儿在下放的农村发生了事故，去世了，而三女儿也到了不得不下放的年纪。玉儿听说了独生子女或者有病在身就不用下放的规定，因此便装作偶然，用强光照射三女儿的眼睛，让其暂时性失明。如她所愿，三女儿免于下放，但也因为救治不及时三女儿差点儿永久性失明。视力恢复后的三女儿最终还是被下放到很远的地方，而且在其得知真相后，打心底里恨她的母亲。后来，三女儿也就在被下放的当地结了婚，生了孩子，从此再也没回来过。

后来，大女儿从被下放的农村回城结了婚。婚后，大女儿也从家里搬了出去，但玉儿总是让大女儿回家陪她，排解寂寞。时间一长，这引起了大女婿的不满。但玉儿因此心生芥蒂，一怒之下悄悄向大女婿的工作单位告发了他的贪污渎职罪。不出所料，大女儿哭哭啼啼跑回了娘家。玉儿不停地说些安慰女儿的话，

"心里满足得跟什么似的。什么时候女儿跟娘都是一条心"。但大女婿不久就被释放了，大女儿也终于知道告发者就是自己的母亲，和母亲彻底断绝了母女关系。

四儿子于孝祥和两位姐姐不同，他把一生都奉献给了母亲。他在外地的工地上工作多年后回到了家里，默默接受了母亲一手包办的婚事。在这之前，四儿子已经有了对象。但玉儿因为那个女孩家境稍稍富裕，就以她"出身不好"为由没有同意，并替四儿子另外找了个结婚对象。

> 于孝祥无言地接受了母亲的安排。娘一辈子受的苦够多了，他不能再惹娘伤心。他含泪跟小女友分了手，结婚仪式上，夫妻双双向毛主席像行过礼之后，就凑在一起过起了无爱无欲吵嘴打架的不安宁日子。等到他跟小女友偷偷鸯梦重温时，已是在母亲过世之后，那时他已经是知天命的年纪。

就这样，二儿子、三儿子、大女儿、三女儿相继离开玉儿的身边；智力有缺陷的大儿子、加入了解放军的小儿子（六儿子）、二女儿相继过世后，原本十分兴旺热闹的于家就只剩下玉儿和婆婆，以及四儿子夫妇和孙子（老三的儿子）。

玉儿嫁入于家六十年后的1990年，集两位老女人——玉儿及其婆婆的爱于一身的孙子"于德全"修完了博士课程，终于挽回了于家的颜面。就在于德全庆祝儿子出生百日的那天，婆婆过世了。至此，整个故事画上了句号，而玉儿也梦想着和婆婆一样，在最后也作为一个强大的寡妇，完结她的一生。

在作者徐坤的描写中，玉儿自己并没有觉醒，其作为寡妇手中所握的全家的支配权也因为身处下位的孩子们，尤其是女儿和儿媳们的反抗，而不断受到动摇。除了受到特殊养育的二儿子外，将自己的儿子交给母亲后，和妻子一起离家出走的三儿子、接受母亲包办婚姻的四儿子、十分孝顺的小儿子等，都是在母亲的强势压迫之下，仍然还和传统孝子一样孝顺母亲。但与此成为对比的是，儿媳和女儿们从正面反抗母亲不正当的干涉和压迫，从而实现了自我独立。这是由于在进入社会主义时期后，经济上独立的女性增加，她们在精神层面上也从母亲的一元性的支配中一点点被解放出来了。这部作品通过寡妇"玉儿"的一生，生动地描写了手握一家权力后变成恶魔的母亲的形象。这部作品不仅是一部描写"母亲的神话"解构的作品，也是在社会主义中国背景下，挑战母亲的权力的一

部作品。通过描写压迫性的母亲，彻底解构了以慈母一词为代表的传统的母亲的形象，并通过描述女儿和儿媳们接连推翻传统压迫的新变化，描述了对母亲的权力的自发性挑战。和过去的谢冰莹、黄白薇以及《隔绝》中的女主角等反抗母亲、受到监禁、在身体上饱受折磨而不得不失败甚至放弃的时代相比，这部作品的描写可以说进入了一个新的时代。而作者徐坤的战略，不是通过母亲们的自发性的觉醒，而是通过下一辈的女性们的反抗行为来斩断这种代代相传的循环性压迫，从外部摧毁母亲的权力。

## 七、贫困和寡妇——方方的《落日》

方方的《落日》❶（1990年）讲述了武汉的一位普通的贫穷寡妇的故事。《女娲》中的玉儿嫁入了中产阶级的于家，一边承受婆婆的虐待，一边通过自身体验继承这种传统的婆媳关系模式。而《落日》中的寡妇丁婆的丈夫是个流浪汉，且没有家人，所以没有这种体验。丁婆的敌人只是贯穿其一生的贫穷。在丈夫因事故过世后，丁婆一直干着清洁工，努力地抚养两个儿子。在进入社会主义中国时期后，大儿子已经开始工作。在母子二人的支持下，二儿子得以进入学校学习，她那仅仅只有20平方米的房子内，住着十年前死了妻子的大儿子"丁如虎"、大儿子的两儿一女、大孙子和孙媳、重孙女儿以及她自己七口人。虽说是20平方米的房子，只不过是他们的房子恰好在长屋的最尽头，所以在原本12平方米的基础上自己又新加了8平方米罢了。因此，其也成了周围人羡慕的对象。她仅仅依靠丁如虎的微薄收入，想方设法地维持家计，同时还要从早到晚做家务、照顾重孙女儿。而二儿子"丁如龙"早就成了家，他从上学的时候就十分嫌弃捡垃圾的母亲，即使是在路上偶然碰到也会装作不认识径直离开。"文革"时期，他是工厂的宣传干部，善于钻营，现在在工厂更是地位很高。虽然说日子过得风生水起，但他和妻子都认为母亲卑贱，打心眼儿里嫌弃丁婆。最终，赡养母亲的责任只得落在哥哥的肩上。一个月20块钱的汇款是他唯一尽孝的证明。

一天，丁婆和长子因为一点儿小事起了争执，丁婆气不过便服毒自杀。虽然捡回了一条命，但儿子骗医生，从医生那儿拿到了死亡证明书，想要将昏睡状态

❶ 方方.〈落日〉钟山［M］. 1990－6.（1990年11月）

下的丁婆火葬了，好在被火葬场的员工察觉后将丁婆送回了医院。不过，丁婆最终还是死在了医院里。经司法解剖查明，丁婆的死因是中断了恰当的治疗，警察因此展开了搜索与调查。

而这一系列的计谋都是由其两个儿子，尤其是嫌弃母亲、不想将母亲接到自己家里的二儿子想出来的。丁婆因为没有公费医疗，医疗费十分高昂，而且就算出院，她的房间也早就被孩子们占领了。这部小说以实际发生的事件为题材，忠实地描绘了在贫穷恶劣的住宿环境里，年迈的寡妇被家里人最大限度地利用之后，又被视为累赘的悲惨的生活实态。

但小说《落日》并非仅仅赋予了丁婆一个遭遇悲惨命运的寡妇形象，在她和长子“丁如虎”的关系中，还表现出了其变成恶魔的母亲的另一形象，成功地丰富和深化了丁婆这一贫穷的寡妇形象。大儿子丁如虎是个孝子，由于知道母亲的辛劳和不易，所以对母亲的爱也就更加强烈。但母亲却始终不允许他再婚，所以他在精神上和肉体上一直都被迫过着十分郁闷的生活。在妻子过世后，每当丁如虎提出再婚的想法，丁婆就会十分反对，并威胁大儿子，“如果你敢弄个女人来结婚，我就撞死在你的新房里”。这种威胁并不仅仅限于口头上，她还会动员周围的女性，通过周围的“舆论”彻底压制他的这种想法，而她反对的理由是再婚的对象可能会虐待三个孩子。虽然丁如虎对这种牵强的反对理由很不满，但母亲如此强烈地反对，他也只能以孝为先，顺从母亲的意志。十年后，已经50岁的丁如虎遇到了自己真正喜欢的女子。他想着孩子们也大了，应该无所谓了，便再次向母亲提出再婚的想法。但这次母亲仍强烈反对，骂道“自己做了爷爷还一心想搞女人，也不晓得丑卖几多钱一斤！真叫伢们笑掉牙齿”。

武汉的夏天很热，再加上老百姓大都住得十分密集，基本每家每户都会将桌子搬到外面吃饭，晚上也就将床并在一起睡在外面，可以说基本没有什么隐私。丁婆在这个时候却偏偏想要让别人听到似的，扯大了嗓子大吵大闹。她反驳丁如虎说，自己都守了50年的寡了。她试图通过自己的守节来强行让儿子尽孝。而这也彻底引发了丁如虎的愤怒，他一下掀翻了桌子将自己的怨气释放出来。丁如虎既替母亲的愚蠢感到悲哀，又怨恨母亲。但因为弟弟不肯将母亲接过去，加上房子、经济等诸多问题，他最终不得不放弃再婚的打算。数月后，那次成为丁婆自杀的契机的争吵是，丁如虎在长年的孝子生活中所积攒的怨气的彻底爆发。

那天，丁婆用刚拿完煤球的黑乎乎的手在准备做饭。丁如虎便提醒母亲注意一点。而她却反对道“我天天都是这样搞的，你不也吃得两嘴叭叭地响？你屋里又有哪个烂了肠子屁眼的”？别说是反省了，反而是开始讽刺丁如虎挣得太少。丁如虎听后终于忍不住暴喊道“天下有几个像你这么脏的人？简直猪狗都不如！老子这辈子做了你的儿子也是前世没积下德！老子当你儿子不如当条狗！老子养你也养够了。老子就想好好骂你几句，你不服？”和儿子争吵是常有的事，但儿子还是头一次说这么狠的话。那天晚上，她实在是打击过大便想着服毒。确实，贫穷早就深深地渗入了丁婆的生活和身体，每天穿着儿子、孙子们穿旧的衣服，手也被油弄得脏脏的，身上也透着馊臭味儿。她一天到晚都为了维持家计而绞尽脑汁，也就没有工夫再考虑儿子的内心空虚。而且，对于儿子尤其是孝子来说，面对母亲的不理解，他无法将心中的怨气释放出来，只得在心里一点点挤压，最终发展成深深的憎恨。

在方方的《落日》中还描写了一位和丁婆正好形成对比的女性医生的母亲形象。女医生王加英听信了想让母亲死在乡下的丁如龙等人的谎言，给他们开具了死亡证明书。在她的家里，也有一个一直卧床不起的母亲。父母二人都是医生，但在她恋爱的时候，一场交通事故夺走了父亲的生命，母亲虽然勉强留了一条命，但却半身不遂了。之后，她就放弃了结婚，一边工作一边护理母亲。她的母亲除了下半身不能动以外，不仅气色好，身体各项机能也都十分健康。倒是王加英因为积年累月的看护和工作疲累不堪，脸色十分憔悴。“母亲丝毫没有体恤过她。无论想到什么都要让她做”。其母亲似乎是想着随意使唤女儿是母亲的特权，如果不使唤的话就成了损失。邻居们都关切地问她的婚姻大事，只有母亲对这事从来不发一语。“母亲希望王加英独身，为了她自己能活得舒服”。她有时会突然想到，母亲怎么还不死呢？想过之后，她又为自己的想法所吓倒，为了弥补良心上的不安，她便更加小心翼翼地伺候母亲。在一年前，她终于结婚了。因为她老公说会住在她家里，照顾她的母亲，“母亲便笑呵呵地接受了这门婚事。但母亲的笑容并未给王加英增加多少欢乐，王加英知道母亲的笑容不是为她而浮出的，母亲只是为了她自己”。

在母女关系这种最为亲近的关系中，当母亲以自我为中心，一直采取一些自私的行为，尤其是母亲在身体状况不好时，女儿只能默默地忍受这些行为。这和丁如虎那样默默忍受母亲缺乏常识的行为在本质上是一致的。当母亲的权力通过因贫穷而产生的愚昧和顽固表现出来时，他没有办法从正面对母亲进行反抗。他虽然在最后很激烈地骂了母亲，但这并不意味着他想要就此和母亲断绝关系。反而是这种无法断绝关系的痛苦在丁如虎身上只能演化为语言暴力，在女医生丁加英的身上只能表现为绝对的服从。

同样是以武汉的平民区为背景展开撰写的还有池莉的《我是一条河》❶（1991年）。在这部小说中，描绘了一个供养着8个孩子、拼命生活的寡妇形象，同时也描绘了她难以挽回地伤了孩子和小叔子的心，和慈母相去甚远的母亲形象。主人公是比丁婆要年轻一辈的名叫辣辣的寡妇，说是"不想再侍奉男性、生孩子了"拒绝了再婚，自主选择做了个寡妇。她一边和来搭讪的男性们谈笑风生，一边和因选择当寡妇而到来的贫困做斗争。但是没有受过太多教育的寡妇是很难通过一人之力过上想过的生活的，每天为生活所迫的她，没有工夫关心子女的心灵成长，或者说她并没有意识到这是必要的。在作为全家的支配者、充分行使独裁权力的母亲的养育下，儿子们从小就知道帮助母亲以获得母亲的疼爱。但在她多愁善感、聪明的二女儿"冬儿"看来，母亲只是让她活下去罢了，她心中所留下的也只是对孩子缺乏关心、没有教养的母亲形象以及成为寡妇后仍常常和男性纠缠不清的母亲形象。辣辣在丈夫还活着的时候，就因为食物不足和饥饿，用自己的身体换过食物（和那个男人生了个龙凤胎）。因为冬儿骂其脏，她便打了冬儿一巴掌。自此之后，辣辣便有意识地避开冬儿那有如刺一般的眼神，后来还在冬儿用一件毛衣换来的重要的书上吐痰。冬儿自己申请下放到偏远地区，并向母亲写了一封断绝关系的书信，信中写道："我永远看不起你。"这部作品描绘了成为寡妇之后，母亲的顽强和极度愚昧，并充分展现了以母亲的权力之名将幼女的心灵切得稀碎的母亲的残酷。这部作品和方方的《落日》，都描绘了和以往的恶魔般的母亲形象有所不同的形象，推动并加快了"母亲的神话"

❶ 池莉．〈你是一条河〉小说家［M］．1991－3. 收录于：1991年中篇小说选（第二辑）［M］．人民文学出版社，1992. 次女冬儿在结婚生子后心境也发生了变化，心里边儿想着"如果可以战胜自己的自尊心，就领着孩子去看看母亲"。在等候时间愈合其从母亲那儿所受到的心灵创伤的同时，她也渐渐变得原谅母亲。但这个时候母亲也正如冬儿所预感，不久就过世了。作者池莉在和母亲诀别了的女儿踏出修复关系的第一步前，就描写了母亲的死亡并结束了整个故事。这即使是作为对"母女关系对立"的描写，在中国探索"母女间创造性关系"的文学作品中也是极少见的。

解构的进程。

综上所述，在本书第一部分中，从母亲的权力这一角度对中国式父权制的一大特征——代际支配问题进行了考察。结果表明，在中国社会中，女性也可能成为压迫者。而且，伴随着权力的压迫，母亲对儿子进行强有力的支配和统治的现实情况也浮出了水面。文学作品中之所以描绘那些恶魔般的母亲，也恰恰是因为现实社会中存在这种十分强大的母亲，而作家们将其理解为可以左右自身生活方式的有形的或是无形的强大力量，进而描绘出来。母性的权力这一主题，是中国的女性作家们在考虑母女关系时无法逃避的重要内容。值得注意的是，在这些作品中，越来越多的作品通过描写晚辈的反抗行为来解构“母亲的神话”。其中尤其以描写女儿对母亲的反抗行为的作品居多。要想斩断这种代代相传的循环性压迫，终结女性的负面历史——同性间压迫的历史，最终沉重打击中国式父权制的构造，就必须要让作为直接受害者的女性们站起来，为自己发声。这些作品站在女性解放的基本立场上，进行了强有力的描绘和控诉。

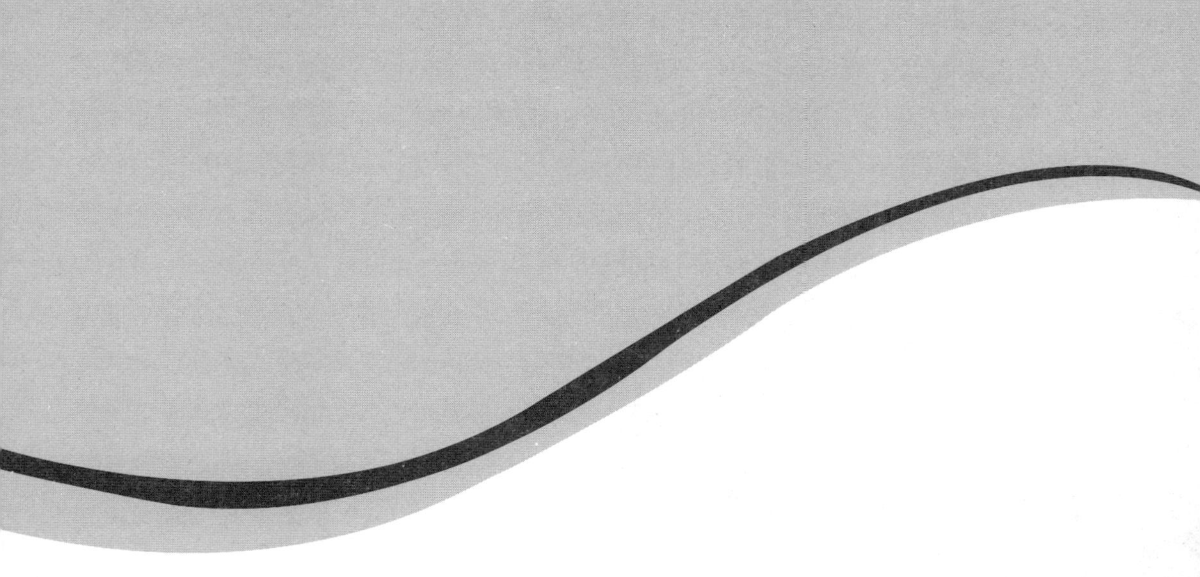

# 第二编

# 第四章

# 民国时期～20世纪90年代寡妇的地位

## ——以守节和再婚为中心

在本书第二部分，将在身份地位各异的中国女性中，以寡妇、小妾、正房妻子等为中心，明确男性支配女性的实态。民国之后，在关于这部分女性的研究中大都只是只言片语地提及了一些问题，没有多少深入的研究。本书作为初步性尝试，将介绍男性支配女性的大体情况，最终达到通过对不同身份、地位的女性的具体研究的积累，让近现代中国父权制的特色从性别支配的侧面逐渐明晰化的目的。

在本部分，文学作品只是作为补充社会学调查不足的“资料”来使用，所以很少对作品的整体情况进行介绍，引用部分也只是原著的部分内容。当然，文学作品所描绘的心理现实和外在的客观事实还是有区别的，将文学这种本身就尚需解释的东西作为实证的材料来使用确实让人不安，为了尽可能地减少这种不安，在引用时尽可能地避免了那些具有争议的、可以被多元化解释的部分，本部分选取了许多描述当时人们行为习惯和人际关系等虚构性较少的内容。并且，即使不得不选择虚构性的内容时，也在论述过程中将资料部分和文学部分区分开来进行讨论，并将重点不放在被描写出的“现实”上，而是放在作者是怎样进行描写上，以做到尽可能地减少混乱。尽管深知引用文学作品存在诸多危险，但仍然积极地引用文学作品，因为和数字、数据相比，文学作品最能够表现出当时人们的具体心理活动和社会环境。

## 一、守节和强制再婚的历史

从民国时期一直到现在的中华人民共和国，寡妇的形象一直处于两个极端。在本书的第三章对手握强大权力的寡妇们进行了具体分析，所以本章将以另一个极端——没有儿子、毫无权力的寡妇为对象，尤其是以其守节和再婚的状况为中心进行整理和分析。

一般来看，嫌弃寡妇再婚、让寡妇守节的社会风潮是从宋代开始的，但夫马进在《中国明清时代的寡妇地位和强制再婚的风俗》[1] 中指出，这种社会风潮完全渗透到整个社会，作为社会道德开始广泛发挥作用基本是从明清时代开始的。书中还举出了许多被强制要求再婚的寡妇的事例，可以说明清时期的寡妇地位处于一种极不稳定的状态。例如，就左右寡妇地位的再婚和立嗣权的问题，滋贺秀三的《中国家族法的原理》[2] 指出，"寡妇拥有立嗣权是已经被确立的社会法则"，而且"再婚必须根据寡妇自身的意志，这是古往今来的法则和习惯"，给人一种寡妇的生活十分安定的印象。但夫马进认为滋贺秀三的见解是基于宋代的事例所产生的，指出其结论不适用于明清时期寡妇的情况。而且通过研究说明，在明清时期寡妇的地位十分低下，在继承人的选定上往往优先公婆及其族人的决定（从"立爱"到"应继"的变化），从而导致无视寡妇的意愿，强制性地让其收养养子的情况也时有发生。此外，寡妇一旦再婚必须放弃丈夫遗产的所有权（有时甚至是女方自带的财产），所以许多寡妇，尤其是许多年轻寡妇都被夫家强制要求再婚。按阶层分别来看，"贫困家庭"无论有没有子嗣，为了得到再婚

---

❶ ［日］夫马进〈中国明清時代における寡婦の地位と強制再婚〉（［日］前川和也，编．家族・世帯・家門——工業化以前の世界から［M］．ミネルヴァ書房，1993.）对于守节要求的强化是在明朝之后开始的这一说法，早在聂崇岐．〈女子再嫁问题之历史演变〉大中［M］．1－4，1946－4.），及辛更儒．论宋代妇女改嫁不受舆论非议［J］．妇女研究论丛，1999年第三期．）中提出。夫马进在上述论文中，不仅通过详细资料改正了宋代论的说法，并在理论上进行了创新。其对和寡妇守节要求同时存在的强制改嫁问题也进行了相关理论研究。此外，张靖龙．元代妇女再嫁问题初探［J］．社会学研究1993－1. 补充了原来的理论，指出：不仅仅在宋代，元代的上层社会中也广泛存在再嫁现象。林纯业、张春生．中国的寡妇［M］．国际文化出版公司，1993. 的部分内容也涉及到了民国时期的寡妇问题，但只是完全承袭了原来的宋代说，过分强调民国时期对寡妇的守节要求，所以在对再婚的风俗进行论述时便产生了理论上的混乱。

❷ ［日］滋贺秀三．中国家族法の原理［M］．創文社（1967年初版、1976年第二版）第四章《婦女の地位》之第二节〈寡婦の改嫁〉，333、423.

的聘礼（寡妇的身价），也就是为了将寡妇卖掉换钱而再婚之风盛行。在“稍微富裕一点的家庭”，尤其是在没有儿子的情况下，为了避免族内继承人的选定上的麻烦或是为了夺走寡妇手中的遗产，也经常强行让寡妇再婚。而当时的社会状况——为了减少口粮杀掉女童的情况导致男女比例失衡，衍生出慢性的婚龄女性不足的问题，也在寡妇的再婚问题上起到了推波助澜的作用。但在“很富裕的富豪家庭”，和遗产相比，再婚所带来的家族颜面的损失更大，所以这个阶层的寡妇基本没有受到强制再婚的困扰，反而被要求守节。如果有孩子的话，她便代替丈夫的地位，拥有极大的权力（滋贺秀三的理论适用于这一阶层的寡妇）。也就是说，即使是在奖励节妇烈女、“要求守节、嫌弃再婚”的社会风潮最为强烈的明清时期，在社会中下层中仍广泛存在强迫寡妇再婚的现象，“在明末之后衍生为一种风俗，逐渐大众化、普遍化”。所以，可以说这一时期寡妇的地位是十分不稳定的。

在以上研究结果的基础上，本章的目标是通过资料整理和分析，具体研究寡妇守节和再婚的实际情况，了解当时寡妇们的生存环境。在清朝以前，关于寡妇的研究中有许多关于节妇烈女的研究的累积，为女性史的研究带来了巨大成果。而民国时期，关于寡妇地位的研究十分鲜见。但我认为，通过寡妇来研究中国女性的地位是近现代女性研究中不可或缺的工作，因为中国女性的各种矛盾和问题都集中在寡妇身上，并更加鲜明地表现出来。

## 二、民国时期守节的束缚

正如夫马进所指出的那样，要求寡妇守节、阻断其再婚欲望的精神原因无疑是明清时期对礼教贞洁观念的极度强化。从北宋时期的程颐说出“饿死事小，失节事大”的名言以来，女性身上背负的贞洁枷锁越来越沉重，嫌弃再婚的社会风潮作为社会道德逐渐强化，在明清时期达到了顶峰。“三纲”——忠、孝、节，作为封建道德的三大支柱受到极大的重视，如果一族里有一个守节的寡妇，将成为该族人地位的象征。而这种观念也一直延伸到了民国时期，在 1914 年袁世凯颁布的“表扬条例”中就表彰过节妇烈女。❶ 节妇是指在 30 岁前丈夫过世，但

❶ ［日］小野和子，五四時期家族論の背景［M］．同朋舎，1992：52～63、101～115 页．

一直到50多岁都没再婚的女性；烈女是指在丈夫过世的时候一同殉情而死，以死亡来守护贞洁的女性。而那些在婚约者（已订婚而未结婚）死后也坚持守节，不再嫁人的女性也被称为“贞女”，大受赞扬。例如，为了收容那些无依无靠的贫困的守节寡妇而建设的慈善救济院“贞节堂”（名称多种多样），在民国时期仍在建设和运营。这恰恰反映了当时重视守节的社会风潮。虽然自古就有救济无依无靠的寡妇、鳏夫、孤儿的慈善救护机构，但仅仅面向寡妇和其孩子的贞节堂，却是在清代才开始出现的。或许是因为对节妇烈女的奖励已经渗透到了地方层面，随着节妇数量的大量增加，以逐渐没落的士大夫阶层为中心的家族逐渐产生了建设这种救护机构的动力。这种机构既有民营的，也有公办的。或许是因为绅商、官吏们想要获得保护礼教的名声，抑或者是想要通过为地方风纪的提高做贡献来获得一定的政治荣誉，他们都十分积极地参与到这种公益救护机构的建设与管理中来。仅就浙江省来看，民国二十年（1931年），类似的这种机构多达19所，而民国之后新建的就有4所。❶ 北伐时期，湖北省妇女协会解放“敬节堂”，恢复了这些过着清贫的单身生活的寡妇们的自由❷，以及民国时期奖励寡妇守节的行为都证明这种社会风潮确确实实地存在着。

但是，在寡妇和在现实社会中推行“寡妇守节”的男性们的心目中，关于“寡妇守节”的概念往往存在着巨大的差异。在中国传统社会，女性结婚后才被认可为夫家的正式家庭成员，其身份才得以被确立。因此，未婚女性及因为某些原因回到娘家的女性在死后是不允许葬入自家祖坟的（未婚女性死后，会有和陌生未婚男性合葬在一起的冥婚习俗。这在一定程度上意味着对那些无处可去的女性的救赎）。同样，寡妇们也是不允许再回到娘家的，必须在夫家守节或者是听

---

❶ 高迈．我国贞节堂制度的演变［J］．东方杂志32－5，1935－3．收录于：高洪兴，编．妇女风俗考［M］．上海文艺出版社，1991．此外，《人民日报》在题为〈安徽省举办婚姻法宣传室〉（1953－2－8）中发表过〈安庆的“清节堂”中被监禁数十年的寡妇们在今天被解放了〉的新闻报道。参考文献有［美］曼素恩．（Susan Mann）清代における寡婦の位置［J］．［日］岸本美緒，译．お茶の水史学29，1985．及［美］曼素恩（Susan Mann）Widows in the Kinship，Class，and Community Structure of Qing Dynasty China［J］．Journal of Asian Studies，Vol. 46，No. 1．（1987－2）

❷ ［日］中華全国婦女連合会，編．/中国女性史研究会，编译．中国女性運動史［M］．論創社，1995：201．

从夫家的安排再婚。❶ 即使有娘家出钱将女儿从夫家接回来的情况，大多数也是因为娘家想让其再婚。那些大户人家的寡妇大都守节，这和那些被迫再婚的贫困家庭寡妇们比起来似乎遭遇更好，但守节寡妇就像是用来装点陈列柜的奢侈品，和那些因为再婚而将自己交予他人的寡妇们实则没有任何区别，她们都被当作没有个人意志（再婚与否的自由）的“东西”。在民国时期，将目光投向围绕着寡妇守节问题的社会实态，批判这种社会风潮和迷信的文学作品大量涌现出来。

孙俍工的《家风》❷（1924 年）就是以新旧世代的对立为主题，围绕着奖赏给祖母的贞节牌坊的建设展开撰写的。台静农的《烛焰》❸（1927 年）讲述了一位少女为了冲喜（在当时世人看来，婚约者罹患严重疾病时，早早地举行结婚仪式的话可以治好疾病。当然，多数情况下，在结婚不久后丈夫就过世了）被嫁到夫家，几天后丈夫去世，而其作为寡妇在夫家守节一生的故事。施蛰存的《春阳》❹（1933 年）讲述了成为望门寡（婚约者去世后，仍然按照婚约嫁到夫家守节）的女主角对爱情的妄想。除此以外，柔石的《怪母亲》❺（1929 年）将故事的焦点放在儿女长大成人后寡妇的精神孤独上，讲述了一位寡妇因此绝食自杀的故事。母亲躺在床上濒死之时说，如果儿子们想要救她的话，“快给我找个丈夫，我想再婚。如果不行的话，就让我去见你们父亲吧”。这是她在多年的寡妇生活中头一次说“想要再婚”，但在现实生活中，一直以来她都没有再婚的勇气，或者说她了解到这种愿望不可能得到儿子们的许可，所以她才说想要快点死去，然后去见亡夫。当寡妇的一生都集中在守节和为了家族的存续将儿子抚养成人这两件事上，便无暇再顾及自己的感情生活。柔石在书中对这个完成社会强加于她的“责任”后自行了断，为自己不幸的一生画上句号的寡妇致以深深的同情。

此外，在当时的社会中，如若女性不守节、再婚，其地位便低人一等，萧红

---

❶ 虽然为数不多，但也存在作为后夫的招夫再婚。这往往出现在稍稍富裕，但无人奉养公婆、劳动力不足的家庭。

❷ 孙俍工．〈家风〉海的渴慕者［M］．民智书局，1924.

❸ 台静农．烛焰［J］．莽原 2－4，1927－2－25.

❹ 施蛰存．〈春阳〉善女人行品［M］．上海良友图书印刷公司，1933.

❺ 柔石．怪母亲［J］．朝花旬刊 1－6，1929－7－21.

的小说《小城三月》❶（1941年）便对这种社会风潮做出了相应的描述。小说讲述了主人公“我”的姨母——翠姨的故事。翠姨到了适婚年龄，但因为其母亲的改嫁问题而被人轻贱，渐渐地其自己也开始觉得自己低人一等，所以放弃了和“我”的堂哥哥的爱情，也拒绝了父母安排好的婚事，最终一个人衰弱至死。翠姨母亲在第一段婚姻中生下了翠姨和一个小翠姨两岁的妹妹。后来丈夫就去世了，她也成了寡妇。于是便带着翠姨和她妹妹一起嫁到了“我”的外祖父家里。当把翠姨作为结婚对象介绍给“我”的堂哥哥时（堂哥哥是翠姨的意中人），祖母十分反对。

> 那族中的祖母一听就拒绝了，说是寡妇的孩子，命不好，也怕没家教，何况父亲死了，母亲又出嫁了，好女不嫁二夫郎，这种人家的女儿，祖母不要。

如上所述，当时普遍认为寡妇是不吉利的，寡妇再婚是不道德的行为，并对此行为加以指责的风俗已经渗透到了家族内部。由于翠姨的母亲没有儿子，即使亡夫家是大户人家，再婚也是时常有的。尽管再婚并不是其本人的意愿，但周围的社会道德还是没有放过翠姨的母亲。鲁迅的《我之节烈观》❷（1918年）也做出了如下描述：“即如失节一事，岂不知道必须男女两性，才能实现。他却专责女性；至于破人节操的男子，以及造成不烈的暴徒，便都含糊过去……社会公意，不节烈的女人，既然是下品；他在这社会里，是容不住的。”鲁迅后来的作品《祝福》也是以此为主题，讲述了对寡妇再婚无法容忍的攻击已经渗透到当时中国下层社会的事实，并且敏锐地指出，这种攻击并不是针对强迫寡妇再婚的男性，只是单单在攻击被迫再婚的女性，是十分不合理的。

从1935年山东省邹平县所进行的全县户籍调查来看，已婚女性中寡妇的比重高达18.38%，而且寡妇的再婚也如头婚一样，基本都不是根据个人意愿选择的；一旦婚后有了儿子，无论生活多么痛苦寡妇都不得再婚。❸ 从地方来看，无

---

❶ 萧红．小城三月［J］．时代文学1－2，1941－7－1．引用部分为：萧红全集（下）［M］．哈尔滨出版社，1991：692．

❷ 唐俟．（鲁迅）我之节烈观［J］．新青年5－2，1918－8．收录于：墳［M］．引用部分为：鲁迅全集一［M］．［日］北岡正子，译．学習研究，1984：177、179．

❸ 1935年由邹平县政府和山东省乡村建设研究院进行的户籍调查。鹿立．山东农村妇女发展50年管窥［J］．人口学刊1994－3．收录于：复印报刊　妇女研究［J］．1994－4．据该报告显示，1990年寡妇在已婚女性中的比重下降到11.57%。

论经济贫困与否，当时的社会都严格要求寡妇守节。

## 三、审判寡妇的男性理论——沈从文的《巧秀和冬生》

在这样的社会氛围中，如果寡妇本人拒绝守节，凭自身意志再婚（自由再婚），往往会受到族里人的阻拦和干涉。在当时的中国，对寡妇的恋爱也适用通奸罪，无论是社会上还是刑法上，都将其视为反社会行为。

通奸又可分为有夫通奸和无夫通奸。所谓有夫通奸，是指女方有丈夫的情况，无夫通奸是指未婚女性或者寡妇。在清朝以前，这两种情况都是有罪的。没有婚姻关系的男女如果身体上发生关系的话，将被视为通奸罪处理。但到了民国，关于无夫通奸的认知经常变化，1912—1914 年无夫通奸是无罪的，1915—1918 年又变成了有罪。而且其后 10 年间的审判过程中对其的规定也没有明确，直到 1928 年国民党政府颁布的新刑法才彻底规定其为无罪行为。❶ 虽然自此之后，寡妇的恋爱不再受到法律的限制。但实际上，族规、乡规等规定却依然认定此为有罪行为，寡妇仍然要受到这些规定的审判。因为通奸罪需要当事人或其家人的告发才能够论罪，所以即使是在无夫通奸有罪的时期，发觉寡妇自由恋爱或自由结婚后，也很少寻求律法的审判，大多是在族内处理。

女演员王莹的自传小说《宝姑》❷ 讲述了寡妇恋爱的轶闻。故事发生在 20 世纪 20 年代前半期。当时，公公的弟弟过世了，其妻子也就成了寡妇。但这个寡妇却有了相好的，这引起了族人的焦虑，便来找当时族里最年长、最德高望重的公公商量。从他们的谈话得知，刚开始族里人便不让那个男人进村、监禁那个寡妇以压制二人，但没想到寡妇大肆反抗，还嚷嚷着说如果不让她再婚的话就自杀，一时间村里人都知道了族里的这件丑闻，族人们也拿她没办法。后来婆婆代替公公出面调停，让那个男性给族里付了 50 块钱的赔偿金，然后和寡妇一起被赶出了村里。不过，寡妇除了带走一些衣物以外，基本上算得上是净身出户。而且她的三个孩子也只让其带走了两个女儿，儿子被留到了族里。这个故事真实传达了当时的社会情况，寡妇的自由再婚会被视为族里的耻

---

❶ ［日］小野和子．五四時期家族論の背景［M］．第一、二章．（前注 3）

❷ 王莹．宝姑［M］．中国青年出版社，1982：第 29 章．此书写于 1946 ~ 1954 年．

辱，再婚时往往也要受到族里的干涉和阻止。即便族里同意了其再婚，寡妇的权力往往也会被剥夺。

但是，关于寡妇守节的那些男性的言辞和行为也并不单纯。据沈从文（1902—1988 年）的《巧秀和冬生》❶（1947 年）记载，寡妇自己想要再婚时，受到了族人的极力阻止。但这并不仅仅只是基于传统伦理规范对女性的贞洁要求，其动机在很大程度上只是出于男性的名誉、面子，或是个人的欲望。

巧秀的爱情故事和她母亲的恋爱悲剧形成了鲜明的对比。在 20 世纪 30 年代初，年仅 23 岁的巧秀的母亲就成了寡妇。在其母亲有了情夫后，一直以来就觊觎她的一点儿田地的男人们等到她和那个情夫相会时，出来当场捉奸，最终把那个男人打跑了。这是因为在当时，寡妇如同一头年轻的母牛，被视为村里的财产，当其他人随意侵犯时便伤及了族里的面子。因此，族里的男人们便想将母亲远嫁，不仅仅是母亲的财产，就连彩礼钱他们也打算瓜分掉。但巧秀的母亲却一直坚持要丢掉田地等家产和女儿以及那个情夫一起私奔，没有顺从族里的命令。所以那些面子受损的族里的男人们，尤其是那个面子被她伤得厉害的族长（族长曾想让巧秀的母亲嫁给自己的残疾儿子但被她拒绝了，在其成为寡妇后族长也多次提出这一请求，但都被拒绝了）搬出了村里的老人们和村规，将这个年轻的寡妇沉塘。从男人们的说辞来看，他们的行为是为了维护道德教化和族里的面子，是十分正当的行为。但他们采取这种行为的真正动机只是族长作为男人的面子受损，想要泄私愤、对于其他男人抢走了族里的“东西”的嫉妒，以及男人对女人的裸体的好奇和病态的虐待罢了。为了把她的母亲沉塘，“一些年轻族中人把那小寡妇上下衣服剥个精光，两手缚定，背上负了面小磨石，并用藤葛紧紧把磨石扣在颈头上。大家围住小寡妇，一面无耻放肆地欣赏那光鲜鲜的年轻肉体，一面还狠狠地骂女人无耻”。族长当时心里的感受也是“讨厌的是，肥水不落外人田，这肉体被外人享受。妒忌在心中燃烧，道德感亦强迫，虐狂亦旺盛”。沈从文借此尖锐地指出，实际上，那些族里的男人们对寡妇的恋爱和自由再婚的所谓正义审判，正是根据自身需要随意编造出来的道理和理论，这些男人并没有真正

---

❶ 沈从文．巧秀和冬生［J］．文学杂志 2－1，1947－6．引用部分为：中国新文学大系 1937——1949［M］．第四卷，上海文艺出版社，1990：193、194．日文版：［日］小島久代，译．巧秀と冬生［J］．中国語 463 号，内山書店，1998－8．

觉得女性贞操很重要。

## 四、祥林嫂的悲剧——鲁迅的《祝福》

正如夫马进所指出的那样，在明清时期的中国，一方面社会普遍忌讳寡妇再婚、奖励寡妇守节，但另一方面强迫寡妇再婚的现象却很常见。通过前文的描述，我们可以确认，奖励守节的社会风潮一直延续到了民国时期。接下来将对寡妇们被强制再婚的情况进行分析和探讨。

强制再婚，并不单单指伴随着寡妇的强烈反抗行为的再婚、只是自由再婚的反义词，但凡违背寡妇自身意愿的再婚，都叫作强制再婚。在民国时期，头婚基本是在“结婚是为了家族、为了父母”的婚姻观的影响下，由父母决定的包办婚姻。所以，当寡妇再婚的时候，其个人意愿受到尊重的案例十分罕见。但值得注意的是，女子头婚时的主婚权主要在该女子父母手中；但寡妇再婚时，主婚权基本由夫家所有，而且寡妇再婚中存在极大的买卖婚姻的因素，因此一般来说，夫家对寡妇的强制行为基本都是十分直接、露骨的。

鲁迅的《祝福》❶（1924年）中的祥林嫂正是被强制再婚的民国时期的众多寡妇中，具有代表性的一员。虽然造成祥林嫂的悲剧的原因十分复杂，但就直接原因来说，主要是因为同族的男人们在经济方面的考虑，强制其再婚，并把她赶出了家里。成为寡妇的祥林嫂第一次出现在鲁镇（虚构的江南地区的某个小镇）是在她二十六七岁的时候。那时候她还没有孩子，只是因为受不了婆婆的唠叨和挑三拣四，所以从婆家跑了出来。但到了将近年关的时候，她婆婆突然出现，为了将她嫁给一个山里的男人，和一群同族的男人们一起绑了祥林嫂，把她带回了家。而之所以要将她嫁给山里人，只是因为山里的彩礼钱比村子里的彩礼钱要高（婆婆收了80元左右的彩礼钱），而这笔礼金正好可以作为二儿子（祥林嫂的小叔子）结婚的费用。

虽然祥林嫂做出了强烈反抗，但终究抵不过婆婆的固执。不幸的是，这个男人也病死了，儿子也因为出了事故过世了。而祥林嫂也被丈夫的伯伯从家里赶了出来无家可归，再一次来到了鲁镇。但镇上的人都说“她音调和先前很不同，也

❶ 鲁迅．祝福［J］．东方杂志21－6，1924－3－25．收录于：彷徨［M］．

还和她讲话，但笑容却冷冷的了”。起初听了她的悲惨遭遇之后，男人们不再玩弄她，女人们也不再蔑视她，但时间一长，大家也就厌烦了。不仅仅是周围的男人们，就连女人们也开始瞧不起她。祥林嫂的境遇十分窘迫，她为了“赎这一世的罪名，免得死了去受苦”，将一年里攒下来的钱都去土地庙里捐了门槛。她想要自己一人承担那些由社会上的指责以及迷信所造成的毫无由头的罪名。但当她发现毫无作用时，她便失去了活下去的希望，成了乞丐。在鲁镇人都在准备大年三十的“祝福”的时候，她一个人在绝望中死去了。

那么民国时期，像祥林嫂这样被强迫再婚的情况是否如明清时期一般，十分普遍，甚至成为一个社会风俗呢？

我们一起走进1939年山西省兴县人民的生活。兴县是一个极度贫困的地区，95%的婚姻都是买卖婚姻。据说女人们的价格就如买卖牲口那样进行交涉、决定。在抗日战争前，价格是1岁10元，抗战后价格略有下降。在这样一个地区，寡妇的再婚情况如下所示：

> 妇女贞操在这里不似江浙那样拈斤掂两，寡妇少极了。生活的困穷，寡妇再嫁是平淡事，没有“望门寡”等恶俗，但城心四乡也常见“竹节松贞”的石牌坊。寡妇再嫁少不得又是买卖，兴县农家有这样的习俗，“寡妇再嫁，婆家得银三分之二，娘家得银三分之一”。普遍寡妇的身价常高于姑娘，原因在于买寡妇的对象，年龄比较大，而寡妇的身价又须经得二家同意。❶

不同地区，寡妇再婚时彩礼钱的瓜分方式也不尽相同。但从《民事习惯大全》及兴县的生活实录来看，一般来说都是婆家分得更多，而且主婚权也往往掌握在婆家手中。“婆家的人往往要扣出了她在他们家里所吃穿的费用而外，并且还要再赚一些钱。所以寡妇找人家的条件便更低劣了，只仅仅以钱为交易之主。”❷ 而且寡妇再嫁不需要准备什么，所以大多数情况下，和寡妇嫁进来的时候相比，婆家都是要赚一笔的。

基于20世纪40年代初在华北农村的调查资料，仁井田陞指出，“在农村地区，寡妇再嫁基本不会受到指责”“养不养得起寡妇才是问题。如果婆家能够养

---

❶ 慰冰．从征行——兴县的妇女生活和买卖婚姻［J］．中国妇女1－3，1939－8.
❷ 慰冰．旧社会一角里的婚姻地狱——兴县通信［J］．中国妇女1－8，1940－1.

得起寡妇的话，一般不会再嫁”。但如果婆家养不起寡妇的话，就算有了孩子，也还是会把孩子留在婆家，然后让寡妇再婚。❶ 也就是说，在农村地区，寡妇的再婚问题比起所谓的“好女不侍二夫”的伦理观念的影响，经济方面的原因是作为优先条件的。这也与慰冰所描述的兴县的情况基本一致。在中国农村地区，尤其是20世纪30年代以后，战争的不断侵扰使得贫穷问题更加严重，因此像兴县那样的贫困地区在中国广泛存在。可想而知，和守节的寡妇相比，反而是再婚的寡妇更多。

在1924年编集的《中国民事习惯大全》❷（第四编·婚姻）中也记载了许多寡妇再婚的事例。可以确认的是，基本上所有地区都会有寡妇再婚。例如，福建省的顺昌县就有这样的习惯，“妇女夫亡无子，生计窘迫，得家长许可，恒多再醮。即薄有财产或有子女而更招赘后夫。或竟携带子女财产再嫁者所在多有。大都中下层社会此风较盛”。由此可见，不仅仅是“贫苦家庭”，就连“稍微富裕”的家庭中，寡妇再婚也是很普遍的。

但是，许多地方也确确实实存在“认为寡妇本身就不祥，蔑视寡妇”的风俗。例如，男方迎娶寡妇时，凡是花轿经过的村庄，男方都需要给他们“过庄钱”“城门钱”，不仅如此，还要给寡妇住的村子“羊酒钱”“井钱”“出巷钱”（彩礼结纳钱的一部分）。❸ 这些钱与其说是对村子里照顾寡妇的感谢，倒不如说是对伤及村子体面的赔偿（头婚出村子时没有必要给这些钱）。当然，“十里不同风，百里不同俗”，既有像北京郊外的挂甲屯那样十分重视道德规范，极力避免寡妇再婚的地方❹，也有像云南省呈贡县那样对男女结合十分宽容，没有将寡妇再婚特殊化的地方❺。但除了极少数地区外，可以说基本全中国都是在伦理上

---

❶ ［J］．仁井田陞．中国の農村家族［M］．東京大学東洋文化研究所，1952：193～194.

❷ 中国民事习惯大全［M］．广益书局，1924：137.

❸ 关于寡妇再婚时的风俗习惯，详情请见郑永福、吕美颐．近代中国妇女生活［M］．河南人民出版，1993：173～179. 此外也可参考：中华全国风俗志［M］．广益书局，1923、大达图书供应社，1936.；民商事习惯调查录［M］．司法行政部编，1930. 50年代初，也有农民协会主任在寡妇再婚时强行要求以小麦等物品作为“过庄费”的事例。（甘肃平凉县农民协会组织不纯现象严重［J］．人民日报，1951－2－26.）

❹ 郑永福、吕美颐．近代中国妇女生活［M］．河南人民出版社，1993：174. 及鹿立．山东农村妇女发展50年管窥［J］．（前注13）

❺ 陈达．现代中国人口［M］．天津人民出版社，1981：59. 原载于：The American Journal of Sociology［J］．1946－7.

批判寡妇再婚的。

寡妇的强制再婚现象逐渐普及，但蔑视再婚女性的社会风俗也在不断滋生，因此寡妇们不仅要饱尝强制再婚之苦，还要无端接受来自社会的精神和肉体的多重压迫。仁井田陞指出，在经济困难面前，所谓守节的道德规范基本没有发挥其作用，“在农村地区，寡妇再婚基本不会受到指责”，但他也指出，“寡妇再婚虽然可以离开亡夫家所在的那个村子，但这也并不是简单想出就出的”，并详细介绍了寡妇再婚时，村里人对寡妇百般骚扰的风俗。必须要明确的是，所谓的不受指责并不是不指责寡妇，只是不指责亡夫家而已。鲁迅的《祝福》正是敏锐察觉到这一点，从而将视点转向寡妇，讲述了背负了一身毫无由头的罪名的无助的寡妇的悲惨一生。祥林嫂悲剧的产生是由于守节的要求（对再婚的指责）和强制再婚同时集中到了一个寡妇身上，而这也正象征着当时尖锐的社会矛盾，祥林嫂的悲剧绝不是当时中国社会的个别现象。

在近代中国诸多描写寡妇的再婚、典妻、卖妻、童养媳等女性饱受压迫的实态的文学作品中，以地方文学和地域文化小说为主。鲁迅、许杰、柔石、台静农、冯文炳等都是具有代表性的作家。

许杰的《再婚》❶（1927 年）讲述了仍然沉浸在失去丈夫伤痛中的寡妇，被着急忙慌地催促着再婚时十分不安的状态。主人公在 19 岁就成了寡妇，家里就只剩下一个同样是寡妇的婆婆和年仅一岁的女儿，但婆婆却丝毫没有同情这个和自己有着相同不幸命运的儿媳妇，在葬礼刚过没几天就让她再婚。而真正原因是为了医治儿子，家里已经借了许多钱，如果媳妇守节的话，不仅借款还不上，还徒增了一笔不小的开支。婆婆所关心的只有对方给多少彩礼钱，只有在年幼的女儿是和儿媳一起到再婚的夫家还是留到家里，抑或是作为童养媳早早地嫁出去的问题上，才询问儿媳的意愿。

柔石描述寡妇问题的诸多作品中，要数描绘了寡妇的贫困的《二月》❷（1928 年）最为典型。这部作品里描绘的寡妇是完全没有经济能力，对村里人的所有闲言碎语都只是一味容忍的懦弱的女性。在其唯一的心灵支撑—儿子，去世

❶ 许杰．改嫁［J］．小说月报 18－2，1927－2.
❷ 柔石．二月［M］．上海：春潮书局，1929.

后，她原本怀有好感的主人公却劝她再婚，她因此更加伤心，最后自杀了。导致这个寡妇的死亡的原因，就在于生活的痛苦和家人的纷纷去世，对于尝尽了生活之苦的她来说，再婚无疑又是一次痛苦的开端。因此，劝她再婚这件事成了她自杀的导火索。对于那些自身意愿不受尊重，被强制要求再婚的女性来说，守节在一定程度上是她们自我保护的保护伞。但对这部小说中所描绘的寡妇来说，守节就意味着饿死。她的自杀，是在她意识到自己除了再婚别无他法之后唯一能做的抵抗。

同样是由柔石所撰写的《人鬼和他底妻的故事》❶（1928 年）也讲述了一个寡妇再婚的悲剧。女主角的父亲是县里的书记，所以一直到少女时代她都过着无忧无虑的生活。不幸的是，父母因病相继去世，还是懵懂少女的女主角就成了童养媳。在她 21 岁的时候，丈夫死了，便有人让她再婚。而她也误以为，这是逃脱婆婆的折磨和饥饿的好机会，便答应了。可是，对方是个智力发育较晚的极丑的男人。虽然本职工作是瓦匠，但主要收入是靠帮人运尸体挣来的，而他为了和女主角结婚也花光了本就不多的所有积蓄。因此，这个家里等着她的只有贫穷和婆婆的虐待。就在这时，邻居的一位有妇之夫向她伸出了援手。自然地，两人之间擦出了火花，之后她便怀了那个男人的孩子。最终，她还是在周围的指责和嘲讽声中坚持把孩子生了下来。而不幸的是，这个孩子在 5 岁时病死了，她也因此失去了活下去的希望，最后自杀了。

综上所述，我们可以总结出民国时期关于寡妇强制再婚和守节的一些特征。在成为寡妇之后，其人生轨迹便基本和自身意志没有多大关系，主要由传统的伦理观和经济原因这两座天平所决定。越是下层社会，受经济因素影响，被强制再婚的情况越多，而这种强制再婚中带着极强的买卖婚姻的意味。另外，退居其次的道德规范演变为嫌弃、指责寡妇再婚的社会风俗继续存续，但所指责的往往不是施压方的婆家，而是对于被强迫再婚无力反抗的寡妇。

## 五、婚姻法和寡妇的再婚自由

1950 年《婚姻法》颁布后，中国社会表现出很多变化。这部《婚姻法》又

❶ 柔石．人鬼和他底妻的故事［J］．奔流 1－5、1－6，1928－10、1928－11．

被称为离婚法，当时有大量的女性提出离婚。而为了对此进行抵抗，丈夫和族人们在当时杀害了许多女性。对于男性来说，“好女不侍二夫”，为了一个男人穷其一生是天经地义的，从来没有考虑过女人们会提出来离婚。当然他们反对离婚的直接动机中还有许多其他现实的因素。花了那么多的礼金才娶到的妻子，一旦离婚的话，不仅那些彩礼钱白费了，还丧失了劳动力，而且据新婚姻法规定，离婚后夫妻必须共同分配财产，因此农村地区的男性们都为了保护自身利益，通过暴力的方式强行将妻子留在家里。据小野和子的《围绕婚姻法贯彻运动》❶ 记载，这个时期全国范围内，因为婚姻问题而自杀或被他杀的女性，一年多达七八万。在《婚姻法》颁布后的一年内，仅中南地区就有一万左右的女性死亡。面对男性的强烈反抗，《婚姻法》贯彻运动的重点也逐渐缩小为将童养媳和妾从不幸的婚姻关系中解放出来。这部新婚姻法的另一支柱就是寡妇的再婚自由。例如，在福建省永春县第二区的15个乡中，共有1307名（14%）寡妇，在《婚姻法》的宣传影响下，其中有73人再婚。（《人民日报》1952－10－22）❷ 而且，河南省鲁山县作为婚姻法贯彻运动的先进地区，由于1951年开展的民主运动极大地推动了《婚姻法》的实施，在当地，自由结婚的达到690对，离婚的有511对，还有128名寡妇再婚。（《人民日报》1953－1－6）❸ 在这一时期，类似的报道和事件还有很多❹。从另一角度来看，这种突然涌现的大量寡妇再婚的现象恰恰证明，在这之前，寡妇再婚是不被社会认可的。

但实际上，寡妇再婚和离婚并没有顺利地被接受。尤其是寡妇基于自由意愿想和自己的情人正式结婚的时候，还是和从前一样会受到外界的强烈干扰。她们身处于嫌弃寡妇再婚的社会风俗之下，很难和自己喜欢的人再婚，所以，1950年颁布的《婚姻法》无疑为寡妇带来了福音。但除了上述的部分幸运的寡妇以外，大多数人还是会受到家人、族人或者相关干部的干涉和阻挠。例如，在河北

---

❶ ［日］小野和子．婚姻法貫徹運動をめぐって［J］．東方学報49，1977－2：282.

❷ 必须彻底改革司法工作福建省人民法院在永春县依靠群众处理婚姻案件贯彻婚姻法的经验［J］．人民日报，1952－10－22.

❸ 河南省鲁县是怎样贯彻执行婚姻法的［J］．人民日报，1953－1－6.

❹ 《人民日报》中关于寡妇再婚的新闻报道，还有：实现男女平等争取婚姻自由——看到臧溪村寡妇集体结婚群众明白了婚姻法的好处［J］．1951－1128. 今年上半年各地执行婚姻法情况［J］．1952－8－28. 等。

武安有一个27岁的寡妇在《婚姻法》公布后，想正式和情人结婚时受到儿子的反对，也没有得到当地干部的同意；一位寡妇在准备和爱人去区政府登记结婚时，受到了污蔑而因此退缩❶；一名单身男性和寡妇想要结婚时，被村干部认定为“不法”❷，将二人绑了起来；召开村干部大会时，提出再婚请求的寡妇被吊起来殴打，最终导致自杀的事件❸等。当然，这也只是类似案件的冰山一角。本应成为推进新婚姻法实施的主要力量的干部们，因为无法理解婚姻自由，对寡妇再婚，其本身仍然存在根深蒂固的罪恶观，所以寡妇在再婚时不仅要受到家人或族人的阻挠，还会受到当地干部的干涉。这些干部大多是土生土长的当地人，所以不想被当地人讨厌，妇联的干部也是如此。因此当时政府认为，要想贯彻《婚姻法》，首先要改变领导层的观念，当地于1951年9月号召广大干部阶层报告婚姻法执行的情况，并在1952年7月在全国范围内开展了“继续贯彻婚姻法的运动”。

石果的小说《风波》❹（1953年）就此做出了描述：寡妇杨幺嫂是个40岁左右的寡妇，而在她20岁左右的时候丈夫就去世了。如今《婚姻法》颁布，寡妇的再婚得到认可，所以她想和一直以来的地下情人光明正大地结婚，但遭到了族人的反对。杨幺嫂因此试图自杀，不过被人阻止了。而且她的女儿也刚刚和自己选择的结婚对象订了婚约。这件事传到了族长的耳朵里，族长便召开同族大会，一同制裁这对母女。杨幺嫂母女所在的那个村子里的人大多姓杨，他们的族规是“本族内外的妇女，终生只侍一夫，如有私通、再婚，任凭族人处置”。当杨幺嫂知道要召开全族大会时，想到如果是旧社会的话，这是要被绑了石磨盘扔到河里沉塘或是要被竹鞭子打个半死的，身体不由得颤抖起来。在族长看来，“寡妇可以不守节，子女的婚姻大事都不由父母决定，这个世道是怎么了”，所以杨幺嫂母女的事情在他眼中是全族的耻辱。但是因为当时刚好是《婚姻法》贯彻运动开展到高峰的时候，所以受到进步干部的援助，这场闹剧最终以杨幺嫂

---

❶ 正确的掌握婚姻政策纠正处理婚姻案的偏向［J］. 新华月报总13，1950－11. 原载于：河北日报［J］. 1950－10－24.

❷ 正确执行婚姻法消灭封建的婚姻制度［J］. 人民日报，1951－4－30.

❸ 一年来执行婚姻法的初步检查和今后进一步贯彻执行的意见［J］. 人民日报，1951－9－30. 原载于：长江日报［J］. 1951－8－30.

❹ 石果. 风波［J］. 人民文学，1953－9.

母女的胜利收场。

虽然结尾有点程式化，但不可否认的是，这部小说细致地描述了当时的社会现实，生动地描绘了在进入社会主义社会之后，束缚寡妇婚姻自由的传统宗族结构逐渐土崩瓦解的事实。但这终究只是小说，在这部作品中设定了进步干部的角色，但在现实生活中这类进步干部是很罕见的。诚如上述新闻报道所述，干部们大多是和寡妇的亲人、族人一起，阻挠、干涉寡妇的再婚。《婚姻法》贯彻运动于1953年5月结束，之后便进入继续运动时期。据之后的总结报告（《人民日报》1953－11－19）❶所述，较早确立民主政权，被视为《婚姻法》贯彻运动先进地区的仅限于山西省武乡县、山东省文登县、河南省鲁山县等极少数地区，仅占全国各大县市的15%。在中南、华东等贯彻程度居于中等水平的地区，虽然实现了部分的婚姻自由，但包办婚姻、早婚现象还普遍存在，寡妇的再婚案例也是少之又少。而且，像山西河津、西北大部、广东兴宁、浙江以及山东新区等后进地区，包办婚姻、童养媳、纳妾等旧式婚姻的陋习仍然存在。也就是说，除了部分先进地区以外，新婚姻法基本没有渗透到普通民众阶层。20世纪50年代初的中国社会，宗族和村落的共同体依然持有较大权力。虽然新婚姻法已经颁布，但寡妇的自由再婚仍在其他体制的管制下，为世人谴责，受到残酷制裁。

## 六、社会主义中国的守节束缚——戴厚英的《锁链，是柔软的》

戴厚英的《锁链，是柔软的》❷（1982年）这部作品描绘了阻碍寡妇自由再婚的守节束缚。故事中的寡妇和她的孩子一直由大伯哥照顾，但这种照顾和善意却成了一种无形的枷锁，阻碍着其再婚的脚步，最终使其不得不放弃再婚。1958年，主人公瑞霞28岁。在这一年，丈夫去世，她成了寡妇。而这时，她的腹中已经怀了第二个孩子。她的爹妈说："瑞霞呀！现在就看肚里是个啥孩啦！生儿你就守，生女你就走……"后来，她儿子出生后被大哥家里当成家族的宝贝来抚养。

---

❶ 中央贯彻婚姻法运动委员会关于贯彻婚姻法运动的总结报告［J］. 人民日报，1953－11－19. 此外还有：全国很多地区的事实表明婚姻法执行情况极不平衡［J］. 人民日报，1953－2－1. 等。

❷ 戴厚英. 锁链，是柔软的［J］. 广州文艺，1982－9～11.

她知道，娘婆二家，街坊邻间，都瞪着眼看着她这个年轻的寡妇，看她能不能守到底。当然啰，已经有了婚姻法，谁也没有说过不许她改嫁。可是瑞霞心里明白，娘家也好、婆家也好，都不希望她改嫁。

20世纪60年代初，受严重困难的影响，瑞霞全家连吃饭都成了问题，但就在这样的情况下，大哥大嫂有一丁点儿吃的也都是先给她的儿子“福元”，而不是给自己的女儿。因此，瑞霞不想再拖累大哥大嫂，就带着女儿和福元一起从大哥大嫂家离开，过着乞讨的生活。就在这段时间，她和食堂里的炊事员交好，而大哥听了一些风言风语便拖着不堪饥饿的羸弱的身体来看她。

“瑞霞呀！我和你大嫂都不怪你。要走就走吧，我们不能拖住你。可是福元是金家的人，我不能让他改了姓。你知道，我和你大嫂多么疼爱这个苦孩子……”

看着老泪纵横的大哥，瑞霞想起来大哥一家对自己的照顾，不由觉得这会儿还在考虑再婚的自己十分可耻。

想想自己这一段日子里对刘四的情义，她感到羞愧。她再也不顾礼数和羞耻，拉住大哥的衣袖把自己和刘四的来往和盘托出，请求哥嫂原谅自己一时糊涂。她向大哥发誓：“从今以后再也不见他！”

族人对于寡妇再婚的阻挠和干涉并不仅仅限于暴力的方式。正如这部小说的名字，寡妇因为大哥及周围人的无形的柔软的锁链而被迫守节。在得知瑞霞有了相好时，大哥的最低限度的决断是把福元留下再改嫁，要是在过去，考虑经济原因和家族存续的话，这肯定是个常识性选择，但在20世纪60年代的中国，法律并没有赋予大哥这样的权力。但无论是瑞霞还是大哥，都没有意识到其中的不合理。

## 七、改革开放背景下，寡妇的再婚难

中国于1985年前后开展了普及法律知识的宣传活动，各省都制定了“保护妇女和儿童合法权益”的相关规定和制度。这一时期，人们的法律权利意识也相对较高。

1988年7月29日《人民日报》发表了一篇以《寡妇门前喜事多——泗洪县

425名寡妇冲破世俗再结良缘》为题的报道，讲述了在江苏省的泗洪县，寡妇再婚十分盛行。据其所述，在《婚姻法》宣传运动的影响下，越来越多的寡妇从礼教的束缚中解放出来，战胜了孩子及公婆的反对，走向再婚的道路。而且《人民日报》于1989年5月28日还发表了一篇名为《时集乡61名寡妇喜建新家》的报道，说江苏省新沂县时集乡的61名寡妇组建了新的家庭。1990年2月9日的《人民日报》新闻报道——《依法治市形式多样——山东省日照市晋法工作见闻》也记载道，日照市有187名寡妇打破旧观念再婚。但值得注意的是，这些新闻无论是内容上还是文体上，与1950年新婚姻法颁布后新闻中关于大量的寡妇再婚的报道十分相似。

1991年山东省《关于今日中国女性地位》[1]中的调查结果显示，对于“女性应终身侍一夫”这样的要求女性守节的传统观念，当地有41.39%的女性和57.34%的男性持反对态度。也就是说，时至今日在农村仍有半数的人不欢迎寡妇再婚，而且其中女性的比例占多数。就此问题进行的另一调查结果显示[2]，反对这种传统观念的女性中也存在巨大的城乡差异，其中城市为75.38%，农村为43.93%。即使是社会总体环境更为自由的城市地区，据《人民日报》发表的《排忧解难赤诚尽职——记北京市妇联法律顾问出的女律师们》所述，来寻求法律帮助、和律师们谈话的寡妇们，就自身的再婚问题都感到十分矛盾。由于是和传统的贞操观念作斗争，所以一旦受到家人的反对，她们便很难有勇气继续抗争下去。

下面引用的内容，是改革开放背景下的中国社会中所发生的真实案例。1984年，两位配偶早亡的男女想要再婚时，不仅受到了孩子们的强烈反对，连双方所在的生产队、男方的族人及女方的亲戚、朋友都进行了阻挠。[3]

有一位中年寡妇与一位男性情投意合，申请结婚，不料双方所在的生产

---

[1] 鹿立．山东农村妇女发展50年管窥［J］．人口学刊，1994－3．（前注13）数据出处为此篇作品中以1991年10月山东省的十个县市的1300对夫妇为对象进行的“当代中国寡妇地位调查”。

[2] 沙吉才，主编．中国妇女地位研究［M］．中国人民出版社，1998：27．1991年中国社会科学院人口研究所以10个省、直辖市的城市与农村地区的12500对夫妻（20～54岁）为对象进行了抽样调查。

[3] 不许侵犯寡妇再婚的自由［J］．解放日报，1984－1－25．收录于：复印报刊妇女研究［J］．1984－1．

> 队却不肯开具结婚证明，同宗同族、亲朋好友都去劝阻，甚至写信辱骂其“丧失贞洁”，儿女们更是激烈反对，女儿骂母亲“丧尽天良”，儿子乘机敲诈勒索，说什么“你能拿出一万元来我就让你走”，甚至动手打母亲。据调查，这种寡妇改嫁难的情况，不仅在农村里存在，城市里也同样存在。所以有些中年丧夫的女干部联名写信给康克清大姐，反映“今天众多的寡妇没有再婚自由”。

广州政府机关的11名中年妇女写给妇女联合会会长康克清的联名书信受到了当时舆论的关注，谈及此内容的文章还有许多。但据一名想要对这11名妇女进行采访的作者所述，她们很有可能用的都是化名，所以未能查到她们的联系方式，无法考证。❶

20世纪80年代受改革开放的影响，广东省的珠三角地区很快富了起来。据说，就在此地的一个农村有着这样的乡规：男性娶妻的话，其妻子很轻易就能获得当地户口；但如果是寡妇想要（招婿）招进一个外地男人的话，其户籍就要被解除。而且如果寡妇带着孩子一起再婚的话，周围人会指责她带走了亡夫家的香火，以后亡夫家都没人祭祖；但如果把孩子留在亡夫家自己改嫁，又会被人看作是抛弃孩子跟男人跑掉的放荡女性。总的来说，对于寡妇的再婚，村里的人都进行了直接的干涉或是嫌恶❷。当然，《婚姻法》第2条规定“禁止干涉寡妇再婚的自由”，此外1985年左右各省颁布的“关于保护妇女儿童合法权益的若干规定”也十分详细地规定了保证婚姻自由。例如上文提及的广东省于1985年颁布施行的《关于保护妇女儿童合法权益的若干规定》，第3条也指出“任何人不得干涉配偶过世或离婚后的妇女的再婚自由”，第11条也规定“加入女方户籍的男性家庭成员，和当地居民享有同等权利，他人不得嫌弃、歧视”。但正如上文所述，当地还是盛行着那样的乡规。当时的广东省珠三角地区，受到改革开放浪潮的影响，当地的土地开发处于一种农业和商业并存的状态。因此，此时的所谓宗族和共有的族产就发挥着巨大的作用。因为经济方面的需要，宗族的团结变得更

---

❶ 柳明．别有一难在人间［J］．花城，1984-5.

❷ 关秀芳．冲破封建观念的潜网——改革时期妇女解放散论［J］．广东社会科学，1989-3. 收录于：复印报刊妇女研究，1989-5.

加紧密，当然这也就成了强调宗族意识的伦理规范复活的温床。据有关报告记载，当时除了土地庙和祠堂的修建以外，彰显对妇女守节表扬的牌坊也被大肆兴建。

此外，据《人民日报》1983 年 4 月 15 日发表的报道记载❶，在内蒙古自治区，反对寡妇再婚的婆家叔父将二人捆绑起来暴打，并且挖去了那个男性的双眼致其失明。叔父的行为动机就是期望寡妇守节的封建思想。

以上事例表明，即使是中华人民共和国成立后半个多世纪的今天，无论是城市还是农村地区，对于寡妇守节的束缚仍存在于整个社会（包含寡妇在内的妇女本身同样如此）中，寡妇的再婚被视为动摇传统伦理规范、伤及家庭或整个大家族的体面的行为。

## 八、阻止母亲再婚的孩子——张弦的《未亡人》

张弦的《未亡人》❷（1981 年）描绘了“文革”后被平反、恢复名誉的高级干部的遗孀和一个邮递员的爱情故事。这部小说也曾被影视化，作为以寡妇的再婚和恋爱为主题的电影，声名大噪。故事的主人公是一个 43 岁的寡妇，育有一个女儿和一个儿子。当她打算和小自己 5 岁的邮递员结婚时，受到了三大阻碍。一是社会的干涉，在她工作的单位，她的恋爱故事成了新闻头条。而且第二天，因为考虑到她的轶闻可能会伤及亡夫的名誉和威望，便让她换工作。二是邮递员的母亲的反对。他母亲认为自己儿子和她的身份不符。“我明白，她不愿意儿子娶个拖儿带女的寡妇。寡妇是不洁的，寡妇是不祥的，娶寡妇是不光彩的”。但是，这个寡妇在心里发誓，不要这个母亲那一代的寡妇的所谓的道德，要凭借自身力量争取幸福和爱情。可是，“我怕的是下一代呀！我真怕我亲爱的孩子们呀”。三是孩子们的反对。孩子们曾经那么景仰那个邮递员，但当得知他和母亲的关系时，却强烈地反对。但孩子们的反对并不是一般的那种“不想看到母亲身上女性一面”的拒绝反应。儿子望望因对母亲的事情感到羞耻而背地里生闷气，

---

❶ 不许干涉寡妇改嫁［J］．人民日报，1983－4－15.

❷ 张弦．未亡人［J］．文汇月刊，1981－2. 日译版为：千野拓政，译．未亡人［M］．（中国現代小説 10［M］．蒼蒼社，89－7.）现实中也发生过类似事件：改嫁执念引起的风波——一位烈士妻子、妇女标兵的处境［J］．人民日报，1986－11－21.

女儿则是一边哭一边劝阻母亲：

> 我们跟您一块过呀！我们养您、陪伴您、照顾您呀！……好妈妈，您再好好想一想吧！您看，您的女儿马上都要结婚了，您怎么能再嫁人哪？您受得了人家的闲话，您女儿、女婿、儿子怎么做人呀！妈妈，您替我们想一想吧！

最终这个寡妇放弃了再婚的想法。年轻一辈也认为，如果寡妇再婚的话，他们身为孩子将无颜面对整个社会。除了《未亡人》外，同样很悲情地描写寡妇的感情生活不为子女所接受的故事的还有问彬的《心祭〈祭奠母亲〉》（1983年）、浩然《乡俗三部曲》（1993 年）等。

改革开放后，在城市地区，由市政府或是市妇女联合会运营的“老年婚姻介绍所”迎来了许多想要再婚的男女们的来访。上海的此类机构开设后仅仅一个月内就有 800 名访客；北京的一个介绍所在一年内就迎来了 1300 名访客；西安也多达 5000 名。这些数字无一不在彰显着人们从旧的传统道德观中解放出来。但据一些进行实际情况调查的人士所说，这种想法太过乐观，尚且为时过早。因为从具体情况来看，当提出再婚时受到子女反对的案例仍然大量存在。子女们反对父母再婚的理由从财产分割问题到感情方面问题（认为上了年纪再婚的话是“放荡”，被视为道德问题等），各式各样、不尽相同。更有甚者，有的子女会强行跑到再婚后父母的新家里，又砸又摔，甚至会对父母暴力相向❶。而此时子女们的借口一般都是自己一直对父母尽孝，也没让父母饿着，父母为什么要这样做呢？也就是说，父母如果再婚，社会舆论会认为是子女没有尽孝，伤及了子女的颜面。子女跑到父母的新房大吵大闹，只是为了发泄自己被社会认为“不孝”的不满。这一理论也正好可以解释为什么子女们会反对母亲自己决定的结婚对象，而对族人们选定的母亲的结婚对象能够很爽快地接受。这在一定程度上说明子女对父母的“孝”不是作为对父母的爱在家庭内部起着作用，而是作为对外界的表现在发挥着作用。如果是族里所决定的再婚（一般为强制再婚），就不会

---

❶ 师学阵、冉阿丽．中国老人婚恋面面观［M］．（戴晴，编．性观念的躁动——性及婚恋报告文学集［M］．作家出版社，1988：275、293.）孙淑清．我国老年妇女的再婚问题［J］．人口与经济 1991（5），1991 -10 -25.

损及子女的面子。

此外，子女反对父母，尤其是反对母亲自由再婚的理由是对女性守节的要求已经成为一种社会共识，为人们所接受。民国以来男性的再婚率要显著高于女性，而且婚姻介绍所的来访人员中男女比例也是3：1，男性要远远多于女性❶，这些事实也反映了女性守节的这一社会风潮。据某报告记载，在20世纪80年代中期的广州，有一位寡妇虽然已经完成了结婚登记的手续，但由于子女的反对，两人还是没能住到一起。其儿子为人一直十分温厚，广受周围人的好评，但仅仅因为母亲的再婚就变得异常震怒，并怒吼道“你背叛了父亲，你让我没脸面在世上做人”，一通狂闹。自此之后儿子便不再和她说话，还径自跑到那个男人的工作单位威胁人家，二人的同居也就无望了。她想等到儿子结婚后再说，所以一直都和登记后的再婚丈夫分开住。❷ 还有另一个更为极端的听说母亲再婚，儿子自杀未遂的案例。其理由是对未能尽孝的亡父感到抱歉。❸ 在这两个案例中，儿子采取如此强烈的反对行为的主要原因是母亲的行为不符合“从一而终”的守节规范的要求。这两个案例也充分说明，在年轻一代中仍然根深蒂固地持有“母亲再婚是对父亲的背叛”——这样旧的伦理道德观念。

## 九、强制再婚及寡妇的生存环境

中华人民共和国成立后，寡妇的强制再婚是一个怎样的状态呢？通过对1949—1998年间《人民日报》的300多篇关于寡妇再婚的新闻报道进行调查后发现：寡妇的再婚可能是由于得到了家族的许可（也就是说并非自由再婚），一直井然有序地普遍存续和发展着。关于再婚的原因大都没有详细记载，只是说“受贫穷所迫不得不改嫁”。而且由于并没有像自由再婚时那样暴露出许多问题（因为不公开），所以关于“被迫”再婚的寡妇的相关报道和资料很少。

---

❶ 郭庆生．不落的星辰——当今中国老年再婚透视［M］．（贾鲁生．性别悲剧［M］．今日中国出版社，1995：131.）据郑晓瑛，主编．中国女性人口问题与发展［M］．北京大学出版社，1995：162. 所载，配偶去世后选择不再婚的男女性人数分别占其性别总人数比例为：男性8%、女性17%（20世纪30年代）；男性为4.45%、女性为10%（20世纪80年代）；男性为3.8%、女性为8.53%（20世纪90年代）。从民国以来，男性的再婚率都要高于女性。

❷ 柳明．别有一难在人间［J］．（前注41）

❸ 郭庆生．不落的星辰——当今中国老年再婚透视［M］．129.（前注46）

因此，作者对现今社会被视为促进寡妇再婚的三大理由——一是贫困；二是人口性别比例不平衡；三是寡妇的财产权——进行简单的整理和总结。

### （一）贫困

1991 年的调查资料（再婚率中也包括离婚后再婚的情况）❶ 显示，结婚次数在两次以上的比率分别为：城市：男性 1.88%；女性 1.22%；农村：男性 0.91%；女性 1.47%

关于农村地区女性的再婚率高于男性的理由，有以下表述：

> 这并不意味着女性地位高于男性，这可能与妇女经济不独立有关。在农村，必须有男性劳动力才能支撑家庭生活，一些离异或丧偶的妇女，为了养育子女和维持家庭生活，往往通过再婚改变自己的生活处境。所以，农村妇女再婚容易得到社会认同。

在对城市和农村地区的女性人口的配偶死亡率的比较数据分析（1990 年的数据）❷ 中，也显示了这一倾向。据其记载，配偶过世后选择不再婚的女性比率分别为：城市 4.3%；农村 3.4%。和城市相比，农村地区的再婚寡妇更多，估计这主要是经济方面的原因导致的。关于进入老年的寡妇的情况，据“老年婚姻介绍所”的实际调查结果显示，在一所“老年婚姻介绍所”的访问人员中，有 1/5 是被子女赶出来、无家可归的老人，而且其中绝大多数都是女性。和儿子夫妇住在一起，帮着做家务、照顾孙子的时候还可以，但孙子慢慢长大，她在家里也就没有了存在的必要，所以那些没有经济能力的寡妇们就被视为累赘，最终不得不选择再婚（如果是单身男性的话，会有退休金或是一点儿小积蓄，所以很少会因为经济问题而被迫再婚）❸。在历史上，再婚女性要远少于男性，“老年婚姻介绍所”的登记人员中，男女比例为 3：1，男性要多得多，显然这是由对寡妇的守节要求所致的。值得注意的是，就算在那 1/3 的女性中，也大都不是自由再

❶ 沙吉才，主编．中国妇女地位研究［M］．249．（前注 39）

❷ ［日］山下威士、山下泰子，译．中国の女性——社会的地位の報告書［M］．尚学社，1995：67．「付録」资料 65．调查对象为 11 个省・直辖市的，从 18～64 岁的 22103 人。原书为：中国妇女社会地位概观［M］．中国妇女出版社，1993．

❸ 师学阵、冉阿丽．中国老人婚恋面面观［M］．288、313．（前注 45）

婚，而是被经济条件所迫。究其原因，和民国时期一样，当时的社会存在两个完全相反的倾向：一方面整个社会都要求寡妇守节；另一方面受经济条件影响，出现了许多强制再婚的现象。

中华人民共和国成立后，女性可以依靠自身劳动获得收入。因此，理论上这种因经济条件制约而被迫再婚的情况应该会大大减少。但正如以上数据所示，实际上因经济条件影响而导致的再婚仍然存在。关于导致女性强制再婚的最大原因——经济问题，可围绕以下几点进行分析。

20 世纪 90 年代，中国的女性就业率超过了 70%；尤其是 20 ~ 49 岁（女性的退休年龄早于男性，一般是 50 ~ 55 岁左右）的女性，就业率达到 90%，但是女性的收入却只有男性的七八成左右❶。无论是城市还是农村，每个人的收入都很低，支撑一个家庭往往需要几个人都工作。因此，如果没有了丈夫的收入来源，母亲和孩子的生活质量往往会急剧下降。尤其是农村地区的整体生活水平本就相对较低，失去了家里的主要劳动力，有的家庭连温饱都解决不了。而且，那 70% 的女性就业人口往往是从事农林牧渔等第一产业❷，社会保障对其十分不利。无论男女都只有国有企业、城市集体所有制企业、事业单位的工作人员才能享受养老年金，所以城市的一些个体户以及大多数农业劳动者在进入老年后的生活保障往往由各个家庭自行负担。1987 年所进行的调查结果显示，有养老年金的女性比例分别为：城市 49. 1%；县级地区 1. 1%。而且享受公费医疗待遇的女性比例分别为：城市 26. 35%；农村 0. 33%❸。也就是说，由于中国女性大多居住在农村地区，从事着第一产业，所以许多女性都没有社会保障，对于老后的生活十分不安，尤其是没有后代的寡妇，在过去还有以人民公社为主体的合作医疗

❶ 郑晓瑛，主编．中国女性人口问题与发展［M］. 61.（前注 46）；［日］山下威士、山下泰子，译．中国の女性——社会的地位の報告書［M］. 77 ~ 89.（前注 50）

❷ 1995 年进行的第 5 次人口普查显示，从事第一产业（农、林、牧、渔）劳动的女性占了女性总劳动人口（15 ~ 65 岁）的 73. 57%（中国性别统计资料 1990 ~ 1995［M］. 中国统计出版社，1998：398 ~ 406.）。1990 年进行的第四次人口普查结果为 76%。由此可见，虽然仍是少数，但从事服务业的女性在增多、且女性的职业选择范围也逐渐变得广泛了。参考资料还有蒋萍．女性人口经济活动参与度与参与方向分析［J］. 中国人口科学，1997 – 1. 收录于：妇女研究［J］. 1994 – 4. 1995 年从事第一产业的男性为 66. 18%，比女性要低 7 个百分点。

❸［日］山下威士、山下泰子，译．中国の女性——社会的地位の報告書［M］. 83 ~ 88.（前注 50）王文亮．中国的养老保险制度改革现状［J］. 中国研究月报，1999 – 6.

制度或是“五保户”等医疗福利系统，但自改革开放后，这些政策的实施和管理权便下放到了各个地区，因此具体情况十分不稳定。综上所述，有必要将这样的各种经济背景也列入为促进寡妇再婚的重要原因中。

### （二）性别比例不平衡

在明清时期，除了经济方面的原因以外，还有性别比例不平衡、人口流动等因素的影响，使得一部分贫困地区处于慢性的适婚年龄女性不足的状态，进而促进了寡妇的再婚。在中华人民共和国成立后，这样的状况有没有得到解决呢?

专家们的一致意见显示，历史上出现的由于过高的出生性别比例差异所导致的男性结婚难的情况一直持续到今天。相关的具体数据在张萍编撰的《中国的婚姻问题》❶ 中有详细描述，在此仅通过以下几点简单说明状况。

一般情况下出生性别比为女性 100、男性 105，是比较安全、稳定的。但过去的中国和其他各国相比，这一数值都要高得多；再加上独生子女政策的影响，1980 年的出生性别比是女性 100、男性 107. 11，1989 年是女性 100、男性 114. 7，呈现出一种上升的倾向。

从人口性别比例来看，一般说来，男性的死亡率要高于女性，随着年龄的增长，性别比往往呈现出缩小的趋势。1990 年 30 岁以上的未婚者中，男性是女性的 16. 5 倍。和其他国家的人口性别比相比，20 世纪 90 年代中国的人口性别比为 106. 6，日本为 96. 7，美国为 95. 2，印度为 107. 0。从中国人口性别比及出生性别比的高数值来看，男性结婚难的问题依然存在。

不仅中国全国性的人口性别比例失衡，部分地区由于人口流动问题突出，性别比例失衡更加严重。当然，这也必然会招致结婚难问题更加突出。究其具体原因，主要是劳动所导致的人口流动、政治所导致的人口流动、婚姻所导致的人口流动等。例如安徽省淮北市作为新兴工业地区，男性劳动者的流入十分显著，1980 年人口性别比是女性 100、男性 200，29 ~ 36 岁的各年龄层的性别比均超过了 300，男女性别比例不协调问题十分显著。婚姻所导致的人口流动还包括成为

❶ 张萍．中国婚姻问题［J］．新评论，1999：45 ~ 81. 其他可以参考的还有：［日］早瀬保子．中国の人口変動［M］．アジア経済研究所，1992. 等。

当今社会问题的女性买卖和买卖婚姻等。被买卖的女性既有被骗的，也有自愿的，主要来自四川、云南、贵州、湖南等西南贫困地区。而买下这些女性的男方主要来自山东、河北、苏北等地区。四川省是受自然灾害及政治运动影响的人口流失最大的地区，20 世纪 60～70 年代的全国流动人口中，40% 是四川人，现在四川仍是农村女性外流最多的地区。❶

现今的中国由于各种原因导致性别比例失衡，进一步引发男性的结婚难问题，这在一定程度上大力促进了寡妇的再婚。

### （三）寡妇的“财产权”

回顾关于寡妇的财产处理的法律规定，过去寡妇再婚时必须放弃和财产相关的所有权利；但在 1930 年颁布的《新民法》中，在法律上认可妻子可以带着亡夫的遗产再婚。之后于 1950 年颁布的《中华人民共和国婚姻法》（第十二条：夫妇双方均有互相继承遗产的权利）对妻子的财产权的相关问题做出了具体规定，在全国范围内施行。但在中国，女性结婚后一般都住在男方家，所以，尤其是农村地区，当妻子要带走亡夫的遗产时往往会受到族人们的强烈抵抗。他们完全无视国家法律，试图逼迫寡妇们放弃其合法权利。直到改革开放后，妇女们才渐渐觉醒，意识到自己的合法权利，因此也出现了许多女性鼓起勇气将反对者告上法庭的案例。例如，据 1993 年山东省潍坊市中级人民法院的报告所述，“关于改嫁带产（改嫁时的财产继承）的诉讼案件占到了该年度财产继承相关诉讼的 70%”。❷

两例《人民日报》报道的案例：

案例一：寡妇想要带着孩子一起改嫁时，亡夫的哥哥提出不许转卖房产，并将两个儿子留到家里的要求。（农村：1983 年 8 月 3 日）❸

案例二：丈夫因交通事故去世，婆婆要求寡妇改嫁并把儿子留下，还勒令寡妇在 10 天内从家里搬走。婆婆主张自己对家产的所有权，禁止她带走丈夫的任

---

❶ 庄平．关于我国买卖妇女社会现象的分析［J］．社会学研究，1991（5），1991－9－20．这些女性的价格平均在 3000 元左右，远远低于正常结婚所需的花费。

❷ 民间纠纷新探［J］．人民日报，1993－8－17．数据也包括离婚后再婚的情况。

❸ 寡妇改嫁如何行使财产所有权和继承权［J］．人民日报，1993－8－3．

何物件。（天津市：1988 年 12 月 5 日）[1]

案例一是寡妇自己想要自由再婚，案例二是被强制再婚。但从审判结果来看，都认可了寡妇对自己丈夫财产的相关权利。不过从中可以了解到社会上仍和民国时期一样，保留着寡妇再婚时令其留下孩子和财产的习俗。对 1946—1998 年的《人民日报》关于寡妇再婚的新闻报道进行调查后发现，寡妇再婚时大多都将孩子留给了夫家。被留下来的房子、一些家具及孩子被族人视为重要财产。1990 年的调查结果显示，城市有 28. 3%，农村有 51. 1% 的人认为“寡妇再婚时，应将先夫之子和财产留给家人”。[2] 因为法律权利意识刚刚觉醒，所以寡妇的再婚仍处于一种十分不利的状况。而且正如上述新闻所述，对亡夫家来说，寡妇再婚必须放弃财产继承权的习俗恰恰促使了其强迫寡妇再婚。

## 十、宗族的干涉——朱晓平的《桑树坪纪事》

上述部分讲述了社会主义中国关于寡妇再婚的社会实态：在中下层社会，强制再婚普遍存在，同时，家庭、家族中存续着的传统伦理规范（守节的要求、孝的思想等）又阻碍着寡妇的自由再婚。本节将对上文提及到的阻碍寡妇再婚自由的多种原因中的“宗族的干涉”进行了详细的分析和整理。下面的事例是当时社会的真实案件，寡妇的自由再婚不仅遭到了族人的反对，还强迫她们和不情愿的对象结婚。

据《人民日报》1984 年 1 月 12 日发表的题为《一起严重干涉寡妇离婚案的始末》[3] 所述，这件事发生在河北省易县的七峪公社。中年寡妇李玉亭在丈夫过世一年后，经熟人介绍，打算和附近一个县的公社的男性结婚，但受到婆家人和朋友的反对，并且强迫她和亡夫同族的一个男性结婚。

> 李玉亭改嫁的消息一传出……没隔几天，一件不测之事发生了。大队党支部书记王章友、党支部委员王仲奎要李玉亭嫁给同族的王殿友。李玉亭坚决不同意……在王氏家族三人的逼迫下，李玉亭的手印被强行按在结婚登记

---

[1] 在她生活失望时［J］. 人民日报，1988 - 12 - 5.

[2] ［日］山下威士、山下泰子，译. 中国の女性——社会的地位の報告書［M］. 315.（前注 50）

[3] 一起严重干涉寡妇离婚案的始末［J］. 人民日报，1984 - 1 - 12.

表上。大队干部和王氏家族生怕发生什么意外，在第二天清早就让王殿友到李玉亭家成亲。

之后大概过了20天，一直被束缚了自由的李玉亭终于找到空子从家里逃了出去。她逃走后的第一件事就是去当地的法院。而这一强迫再婚事件中，除了大队党支部书记王章友、党支部委员王仲奎、亡夫的侄子及王氏一族以外，公社党委委员会书记王凤堂也名列在案，极有可能是由王氏一族所引发的整个村子的犯罪。更引人注意的是，面对王氏一族的行为，外姓的公社妇联主任等村干部为了保持和王氏一族的关系，公然加入到这次暴行中。而发生这种事件的原因或动机是什么呢？只是为了预防寡妇持有的一点点财产流入外族这一经济方面的原因吗？当然不是，归根结底还是因为王氏一族的“必须要让一直找不到结婚对象的王殿友结婚”的强烈意志。时至今日，仍会将寡妇视为家族财产，仅凭借家族的意志而对寡妇进行支配和控制。这个事件确实有应该诉诸法庭的恶劣性质，但更重要的是隐藏在这一个别现象背后的社会本质。

中国村落社会的构造十分复杂，因地而异。在华北地区普遍为“杂姓村”，在华南地区普遍存在的是以血缘宗族为基础的“宗族乡村”，更值得注意的是仅由单一宗族所构成的村落也是存在的。[1] 进入社会主义时期之后，中国的“宗族乡村”在人民公社化运动中被直接编入生产队等一个组织里也是很自然、常见的。

朱晓平的《桑树坪纪事》[2]（1985年）以20世纪60年代末被下放到农村的青年的视角讲述了山西省的某个小山村的故事。在故事的第二幕“桑塬麦黄”中，讲述了成为寡妇的年轻女性在丈夫死后被迫嫁给小叔子，进行婚礼的那天晚上投井自杀的故事。

故事发生在桑树坪。桑树坪是一个只有十几户人家，100个村民左右的十分贫穷的小村庄。除了一户人家以外，村里都是李姓人家，可以说是一个一姓一族的村庄。到了人民公社化运动后，村子成了一个生产队，生产队长就是族长李金

---

❶ 伝統中国の国家形態と民間社会［M］．［日］陳其南/林文孝，译．（アジアから考える四　社会と国家［M］．東京大学出版会，1994：28.）

❷ 朱晓平．桑树坪纪事［J］．第二话〈桑塬麦黄〉，钟山，1985－2. 引用部分为：縛られた村［M］．［日］杉本達夫，译．早稲田大学出版部，1994：14.

斗。“金斗就像当地的土地神一样，说话很有权威。村里的男女老少对他言听计从，都要看他的眼睛行事。——村里人很讲究辈分，宗法观念很重，再者，金斗自打解放就当村干部，把这个小村治理得井井有条”。那个自杀的年轻寡妇“彩芳”是李金斗买来给大儿子做老婆的童养媳。但结婚后不到半年时间，大儿子就过世了。金斗打算把她嫁给二儿子“仓娃”。仓娃身体有残疾，所以即使有很多钱也很难找到对象，因此，把彩芳嫁给其他男人换点彩礼钱还不如将她直接嫁给仓娃。

在这个故事中，完全感受不到要求寡妇守节的氛围，在贫穷的山村里寡妇再嫁是很正常的现象。而且彩芳的恋爱受到了族人的干涉，强迫她和不喜欢的对象再婚，这也和上文所述的案例基本相同。

年纪轻轻就成为寡妇的彩芳恋爱了。在两个人正打算私奔的时候，金斗吩咐村里人将其抓住，并把那个男人绑起来殴打。主人公出面阻止的时候，村里人说“拉住偷婆娘的人，打一顿算是轻的”。在1969年的这个小山村里，“未婚男女的恋情被视为通奸”的习俗仍然存在，并且其效力甚至超过了国家的相关法律法规。金斗将那个年轻男人以拐骗民女的罪名送进了公社的“学习班”。第二天，金斗就急急忙忙地操办起彩芳和仓娃的婚礼。而就在婚礼当晚，彩芳无处可逃，最后投井自杀了。即使彩芳死后，村里的女人们还不忘吐一口，骂一声“死了也会遭害人哩”。

同样是朱晓平的作品，《小桂》❶（1989年）描绘了族长金斗为了村里的利益和泄私愤，想将寡妇“小桂”再嫁给一个品行不好的跛脚男人，小桂对此强烈反抗的故事。其时代背景和出场人物大都与《桑树坪纪事》一致。小桂的父母很早就过世了，之后她就被卖到了另一个村子做童养媳。她在那个家里受到了兄弟二人的性蹂躏，在15岁的时候和哥哥结了婚。但几年后，丈夫就病逝了。婆家强迫她改嫁，她便从家里逃了出来，做了买卖牲口的“牙子”。但不幸的是，主家犯了事儿，她也就连带着被逮捕了，之后便回到桑树坪接受劳动教育。在桑树坪只有一个外姓人“老何”。小桂从老何处得知，因为她的父母并不是在

❶ 朱晓平．小桂［J］．中国作家，1989-6. 收录于：石女［J］．中国社会科学出版社，1993：174~181.

族长的首肯下结的婚，而是自由恋爱结婚的，所以受到了全村人的制裁，直到二人病死都没人前来帮忙，十分悲惨。之后她又从仓娃处得知，族长金斗之所以想让她赶快改嫁也是因为舍不得将她父母留下的一点儿财产（在金斗看来，这是族里的共同财产）还给她。金斗还在背地里和那个瘸子订好了条件，让他婚后不得再提起遗产这件事。而小桂也作为报复，让对她图谋不轨的仓娃很是吃了一番苦头。第二天早上，金斗将族里人都召集到祠堂里开会，决定小桂再婚的事情。但实际上，这里面还裹挟着金斗因自己儿子被欺负而面子受损的复仇之心。

虽然“据乡规规定，嫁出去的人就不能算是族里的人了”，但在金斗看来，其单方面决定如何处置小桂是理所当然的。因为同样身为李姓之人，小桂犯了事儿，村里就自然成了她的监护人，理应替她“操心”着。再加上“小桂现在又没成家，咱族里理应拿主意了”。但小桂也反驳道“我自己的事，为啥不由我”，但村里的女人们都批判她说“谁家女子的大事，是由着自己的性儿”“没有父母之命，没有媒妁之言，那不成了有人生没人养的野女子”。金斗看小桂陷入了一阵沉默，便说“没啥说的，我看这事咱族里就算定了。找时候把日子定下来，好歹是咱李姓人家，热热闹闹送出去”，想要快点结束这个大会。

> 她只想大哭大喊一场。可看看眼前那一张张木呆呆的脸，就这一刹之间，她好像突然明白过来，哭喊是无用的。你再哭再喊，根本说不动这些人的心。这一切在他们心中，都好像吃饭干活一样自然，一样天经地义。

小桂领悟到这个村里是不兴什么婚姻自由的，应该要和他们站在同一水平线上斗争。她镇静地站起身来，揭穿了金斗的真实目的，并当着大家的面说，对父母的遗产完全不感兴趣，径直走出了祠堂。

> “我今天干脆把话说明了。你们啥时候把我当过一家人一族的人看！我的事也不用你们管。谁想管我的事，这十几年来你们欠我的该我的，就给我拿来！拿不出来，你们少管我的事，我想嫁谁就嫁谁。”
>
> “你忤逆！”金盛喊。
>
> “你不孝！”金斗叫。
>
> 一村的人嗡嗡地叫骂起来。
>
> 祠堂里炸了营。

小桂提出，如果将自己视为一族的人，必须遵守李氏一族的规定的话，先让村里人拿出将自己作为一族的人对待的证据。但如果真是将她作为族人对待的话，他们就不会置她的父母于不顾，不会把她卖给人家做童养媳，他们必须把她父母的遗产还给她。

走出祠堂回到老何家时，小桂的脸上充满了自信，心里也是松松快快的。之后她的境遇会怎样呢？是被金斗绑着被迫再婚呢，还是为了摆脱族人的干涉，从族里出去呢？作品的结尾并没有描述，但小桂最后对老何说了一句“该拉几车石头把院墙垒垒”。由此可以预见，她将开始和金斗们的长期斗争。朱晓平敏锐地认识到，即使到了今天，在农村地区，贫困和宗族的支配逐渐融合为一体，以一种具体的、有形的方式束缚女性的生活和性。与一直以来作为牺牲者的委曲求全的寡妇形象不同，这个作品勾勒出了一个勇于和宗族的支配进行斗争的全新的寡妇形象。

综上所述，得到家人或族人的认可的寡妇，大都是一生老老实实守节的，或是遵从族人的决定，按其意愿再婚的。一旦寡妇的自由意志稍微想要超出这些既定的规矩，就会受到不可饶恕的攻击和制裁。以上这些事例也直接表明，时至今日，这些理论也依然适用于女性，尤其是寡妇。许多女性在这样的现实面前，或许还是会退缩，最终不得不放弃自己选择的道路。

## 十一、活跃的宗族活动

在政策自由化背景之下，各地都开始大肆兴建、修缮祠堂，修复祖先的墓地，曾经一度中断的族谱（也被称为家谱、宗谱、支谱）也开始编纂。在农村地区，1983—1984 年间，废除了人民公社制度，以互助合作的形式取代，开始进行基于传统的地缘、血缘关系的互助合作。尤其是在传统的宗族势力十分强盛的沿海地区，越来越多的人接受海外华侨及身处中国台湾、香港的族人的援助开始创立新的企业。随着这种宗族网络的恢复和拓展，宗族观念又复活了。

在浙南 C 县，有 20 多种族谱，每一种都从民国时期续写至今，“文革”时期也未曾间断。接下来，让我们一起了解一下基于这些族谱的调查记录（1992 年调查）❶。

❶ 刘小京．现代族谱中妇女地位的变化——以浙南 C 县为个案［J］．妇女研究论丛八，1993－4．新的变化在于，关于女性配偶和未婚女性，尤其是成功女性的记载无论是在数量还是在内容分量上都大大增加；女性成为家族继承人的事例也一定程度存在。

其中对中华人民共和国成立以后寡妇守节和再婚的相关问题进行了如下描述。

案例一：1974 年修《江夏郡 Ha 氏宗谱·凡例》

设有夫死解嫁者，则书改出，生卒俱贬。终为异姓之鬼，虽法所在，孝子慈孙亦难敢赎。

案例二：1976 年修《有妫郡 Ce 氏宗谱·族谱凡例》

青年守节者另立传赞以表之。

案例三：1978 年修《河间郡 Zn 氏宗谱·凡例》

夫亡妻出，只书某氏改书，生卒不录，所以示本母出庙绝义。

据此调查的作者所述，类似于这样的奖励寡妇守节、贬低再婚的字眼在 20 世纪 90 年代才不再被载入族谱中。但即使宗族内部的观念不断革新，正如作者所指出的那样“现代族谱中妇女地位变化的实绩仍与政府倡导和社会预期有明显差距”。

确实，强化已经渐渐流失的归属感和宗族的团结，是在处于转型期的中国继续存活下去的原动力。但伴随着这一潮流出现的“再次建设象征贞洁烈女的牌坊”等宗族形态的复苏引起了思想倒退现象（或是思想肤浅化）的产生❶，社会主义之下所潜在的传统道德规范再次得势，开始朝着女性解放的反方向发展。

在中国的传统社会中，其最显著的特征就是国家和社会的脱节和背离。传统的中国社会是一种国家和社会并存的二元化结构，“分别是国家官僚能够直接统治的州县等行政单位以上的社会；最底层行政单位——县及其以下的社会。在这

❶ 关于“女性们在宗族内有多大的权力，怎样的行为是不被允许的”的详细实态尚不明晰。为了提供一定的参考，谨在此介绍山东省小高家村里，被称为“院”的同姓亲属集团的活动。“院”和宗族的区别在于，一旦离开村子就不能成为“院”里的一员，虽然无论是已婚女性还是未婚女性都是其成员，但“即使到了今天，在决定院里的各项事宜和决策时，女性没有主导权，连和男性同席商谈也是不可能的。往往是女人们聚集在一起商量，可以说女性就像是“院”里无关紧要的，周边的存在”。（［日］桥本满、李小慧.「山东省小高家村」现代中国の底流［M］. 行路社，1990：225.）从女性解放的角度来看，宗族活动的活跃往往带来一些负面影响。但有调查结果显示，年轻人们对于修建祠堂、编纂族谱等宗族活动往往持一种十分冷漠的态度。（阮新邦. 婚姻、性别与性［M］. 八方文化企业公司，1998：37.）活跃的宗族活动将会持续多久、这些宗族活动将会产生怎样的变化，是在考虑女性的生存环境时，十分重要的问题。关于宗族方面的问题还可参考张琢. 关于中国家族和宗族的诸多问题［J］. 思想，1989－9.；麻国庆. 家与中国社会结构［M］. 文物出版社，1999. 等。

样的社会环境之下，宗族或村落拥有广泛的自治权和独立领域”❶。而毛泽东所领导的社会主义革命正是为了彻底摧毁这种二元化的社会结构，完成国家对社会的绝对统治。而这一革命成功的关键在于打破封建的宗族统治，这与土地改革的推进和《婚姻法》的贯彻实施是密不可分的。但从土地改革到人民公社化运动期间，中国的父权制是否完全解体了呢？《从女权主义看中国》❷ 一书的作者——朱迪思·斯泰西（Judith Stacey）提出了这一疑问。朱迪思·斯泰西（Judith Stacey）所提出的父权制社会主义论在改革开放后的中国也受到认可。本书所列举的资料和小说等只是对其理论做进一步补充。在中华人民共和成立后，这种国家和社会间的二元化社会结构依然存在。即使发展到今天，在一些法律尚未覆盖的地区，女性仍然还受到男性们的随意支配和统治。以上案例表明，阻碍寡妇的婚姻自由的原因，绝不仅仅在于经济层面，也不是单纯的礼教的影响，而是两者互相交错，互相补充下形成的。此外，成为女性压迫的温床的强大的宗族统治（父系血统权力）的作用也是无法忽视的。

❶ ［日］村田雄二郎．中国近代革命と儒教社会の反転［M］．（洪口雄三，他著．中国という視座［M］．平凡社，1995：258．）

❷ ［美］朱迪思·斯泰西（Judith Stacey）フェミニズムは中国をどう見るか［M］．［日］秋山洋子，译．劲草書房，1990．

# 第五章 民国时期的蓄妾制

## 一、蓄妾的历史

在中华人民共和国成立之前，中国基本实行一夫一妻多妾制。即使在民国时期，大理院判决例三年上字第1078号❶“凡为人媵妾者、与家长虽无法律上婚姻关系，然事实上可认为家属之一人者，其家长即应负赡养之责；若于家长故后……其家长后嗣、亦应付养赡之义务”，妾作为事实上的家属的身份（准配偶）得到认同。而且，大理院对于暂行刑律中“重婚罪”的解释中，规定“娶妾不得谓为婚姻，故有妻复纳妾者，不成重婚之罪”，进一步确认了妾的合法地位。❷ 此后的1930年颁布的《新民法》虽然消除了关于妾的相关规定，将“妾”排除在法律之外，但实际上，纳妾并没有得到禁止。因此，可以说直到1950年

---

❶ ［日］滋贺秀三．中国家族法の原理［M］．創文社（1967年初版1976年第二版），570~571．注（21）、（23）

❷ 王世杰．中国妾制与法律［J］．现代评论4-9，1926-9．

《婚姻法》（第一章《原则》第二条）的实施才明令禁止蓄妾[1]，中国社会的一夫一妻多妾制才退出历史舞台。

关于中国蓄妾制之存续的理由，首先便是中国的婚姻和家族制度。在中国的传统婚姻和家族制度之下，蓄妾制对于预防家族后继无人是不可或缺的制度。日本是将家名和家业的继承放在首位的家族制度，一旦没有了符合条件的继承人，就算没有妾，也会收养养子或童养婿来使家族存续。但在重视父系血缘关系，遵从"不养异姓"原则的中国，当正室妻子没有后嗣继承人时，往往通过纳妾来解决。而这也正是不能将中国的纳妾问题简单视为风纪问题进行批判，而是应该和家族问题联系起来综合分析的原因。此外，中国的蓄妾制之所以能够存续，与当时的社会背景有着紧密的联系。在当时的中国，即使丈夫离家工作，妻子也不得同行，需要在家赡养父母、尽孝道，因此会出现夫妻两地分居的情况，而中国人往往都有避免离婚的习俗和风气，所以即使心存不满，和父母决定好的包办婚姻的对象离婚也是基本不可能的。这些是中国的蓄妾制长期以来没有受到道德上的指责，得以存续的重要原因。

但无论蓄妾制的存在有多么冠冕堂皇的理由，正如近代的许多学者所指，其本质上还是为了满足男性的性欲望，或是彰显男性的权力、富有等阶级优越感。一个男性同时拥有数个女性，不仅助长了女性之间的竞争，而且抬高了男性的地位，过分拉低了女性的地位。因此，作为性别歧视的典型——女性的地位因男性的性嗜好而定，这在研究中国的父权制时是不得不讨论的课题。

在近代作家中，许多人都以不同的形式面对过"妾"的问题。例如，凌叔

---

[1] 施绮云．关于吾国近代法制上的妾之研究［J］．社会科学论丛第七辑，1956：176. 王招玺．小妾史［M］．上海文艺出版社，1995：146. 及施永南．纳妾纵横谈［M］．中国世界语出版社，1998：287. 记载，尽管国民党于1930年12月颁布的《中华民国民法亲族编》第985条明文规定"有配偶者不得重婚"，但在颁布后不久，司法院就提出"因为蓄妾不属于婚姻范畴，所以不得视为重婚""蓄妾视为通奸，可以成为妻子起诉离婚的理由，但如若获得妻子的许可或默许，不能构成其起诉离婚的理由"（民国20年院字第647号）。实际上，其宣称"如若妻子容许或默许"，蓄妾便不受任何法律的约束，是坚持了容忍蓄妾的立场。但是，通过将蓄妾视为通奸（如果有上诉的话），使其成为法律惩罚的对象，从而使得长期以来的对妾的保护措施消失，导致妾被排除在法律保护的对象之外的结果。关于中国纳妾的情况，还可参考：支那的家族制度［M］．满铁调查资料第73编，南满洲铁道有限公司，1928.；赵凤喈．中国妇女在法律上之地位［M］．上海商务印书馆（1928年初版1934年再版）80～95.；瞿同祖．社会学丛刊甲集第五种中国法律与中国社会1册［M］．商务印书馆，1947：100～104. 等。

华的母亲就是家里的第三房小妾（四姨太），其成长的家庭环境十分复杂；杨刚虽然是正房妻子的儿子，但因为升学的关系，他一直都和小妾及其家人住在一起。梅娘的母亲也是个小妾，家里的正房太太不允许其母亲正式踏入家门，所以其母亲只能作为父亲的情妇终其一生，而梅娘则被父亲带回了家里，和正房妻子、家人生活在一起❶。女性作家庐隐的第一任丈夫也有一个通过包办婚姻结婚的正室妻子，所以庐隐只能以妾的身份存在。而且，鲁迅的夫人许广平、郭沫若的夫人安娜、郁达夫的夫人王映霞等，即使其婚姻是基于爱情的产物，但因为丈夫都有正房妻子，所以在法律上也只是妾。此外，许多作家的祖父或是父兄也都有过蓄妾的行为，所以在其成长过程中也都对此深有体会。

泽村幸夫的《支那现代妇人生活》❷ 里曾经提及过一个民国时期的轶事。当时的大总统黎元洪和政府官员梁士诒在访问日本时携妾访问，结果弄得日方接待人员不知所措；周自斋在1921年访问美国、出席华盛顿会议时，也是携妾同行，他的这一行为被视为国耻，遭到当地华人的指责。从这些在进行国事访问时携妾同行的国家政要的意识观念中，可以看出在当时的中国社会，蓄妾制是一种根深蒂固的存在。

据史书确切记载，在中国上古社会，即早在公元前1000年左右的商周时期，妾就已经存在；在此后长达3000年的历史中，这种制度也一直存续。历代王朝都为了预防扰乱风纪，依据不同的身份、地位，对妾的数量进行了限制。但在统治阶层中，这种限制基本是形同虚设，没有人遵守。虽然庶民（农、工、商）因为经济能力有限而很少纳妾，但“礼不下庶人”也使得庶民的纳妾处于一种放任自流、缺乏管制的状态。进入明清时期，伴随着商品经济的发展，庶民中也不乏财力雄厚、有能力纳妾的人。因此明朝的律法明确规定，“年四十以上无子者，方可娶妾”，如有违反要受到相应处罚。❸ 但这项条例也基本没有实效，于清朝乾隆五年（1740年）被废除，对于庶民纳妾问题，又回归到一种放任的状态。自此，明清之后，蓄妾之风开始在民间盛行。即使到了民国时期，新制定的

❶ 张泉．〈梅娘：她的史镜和她的作品〉梅娘小说散文集［M］．北京出版社，1997：608～609.

❷ ［日］澤村幸夫．支那现代婦人生活［M］．東亜研究会，1932：7～8. 黎元洪是中华民国副总统，在袁世凯去世后继任中华民国大总统。梁士诒及周自斋都是北洋官僚中袁世凯的亲信。

❸ 施永南．纳妾纵横谈［M］．111～113.（前注3）

限制蓄妾的法律条文基本都没有被实施，成了一纸空文。而且，因为妾的廉价化、纳妾形式多样化等原因，可以推测出蓄妾之风进一步弥漫开来。

本章将围绕民国时期（1912—1949 年）——有史以来长期存续的蓄妾制的尽头，以正妻和妾的生存环境为中心，明确分析出中国父权制背景下女性压迫的实态。

## 二、正妻和妾的身份差

在一家之中，妾的数量和地位不仅受男方经济实力的影响，而且因时代和地区有很大差异。一般来看，时间越久远，妻妾之间的身份地位差距越大，“在上古，‘妾’这个词一般指女奴”。❶ 也就是说，到了近代，虽然妻和妾在本质上存在身份地位的差异，但在实际生活中，二者的差异正在一点点缩小。

要想了解过去中国妾的低贱地位，可以读一读小说《红楼梦》（清朝，18 世纪中叶）。从其中可以了解到小妾极为低贱的地位：妾的娘家和婆家是没有亲戚关系的；离婚、买卖、转让等全凭丈夫的意志决定；妾每个月的例银只有侍女的两倍，地位只略高于侍女而已；丈夫看上家里的侍女后可以抬为妾事；作为嘉奖，可以得到叔父的妾；等等。从小说人物王熙凤的身上可以看出，正室妻子对小妾强有力的支配和统治。当她得知丈夫在外面私自蓄养小妾（这种在家外边私自蓄养情妇的行为和蓄妾不同，是不被制度所允许的，是一种私下里的感情关系，往往受到社会的严厉指责和批判）后，为了日后慢慢尽情折磨那个女子，便以妾的身份将其纳入家门，表面上一副贤良淑德的作态，实则对其不断虐待致其自杀。此外，据小说《金瓶梅》（明朝，16 世纪末）记载，在西门庆死后，正室妻子吴月娘将小妾潘金莲卖掉，并让其他小妾改嫁。在丈夫去世后，由正房妻子代替丈夫行使权力。对于那些没有后嗣的小妾来说，必须接受正房妻子的监督，而正房妻子也有抚养小妾的义务。❷ 所以在正妻看来，如果小妾还很年轻的话，往往会让其改嫁或是将其卖掉。

但不容否认的是，那些深受丈夫宠爱的小妾往往会威胁到正室妻子的身份和稳定地位。因此许多正室妻子会为了稳固自己的优势地位，积极地将那些顺从自

❶ ［日］滋贺秀三．中国家族法の原理［M］．（前注 1）第六章第一节「妾」. 557. 及［日］仁井田陞．中国法制史［M］．岩波書店，1952：259.

❷ ［日］滋贺秀三．中国家族法の原理［M］. 564.（前注 1）

己的小妾（一般会选自己的丫鬟）送到丈夫身边。即使在民国时期，这样的风俗习惯依然存在。例如曹禺的《北京人》❶（1940年）中，就描绘了一位正房妻子，企图将一位丈夫喜欢的女性作为小妾纳入家门。思懿是曾家的儿媳妇，一直以来都凭一己之力打理着曾家的大小事宜，是个脾性干练泼辣的女性。她敏锐地察觉到丈夫和住在夫家的公公侄女之间的情愫，便想要先下手为强，将其纳为丈夫的小妾。这是因为，如果其身份是公公的侄女，思懿便难以对其进行管制；但如若成为丈夫的小妾，她便完全处于思懿自身的支配与统治之下。

不仅如此，在纳妾的仪式上也彰显出了正室妻子和小妾之间的身份差距。在20世纪40年代前半期，香坂顺一一直待在广东一带。据其所述，“不可思议的是，婚礼准备的各项事宜都是由正房妻子负责的。正房妻子正襟危坐在正厅的上座上……小妾就跪在其下方。正房妻子缓慢地站起身来，为小妾赐名，并在其头上插上银制的花簪（花簪有管制、监督之意）”“在这些仪式结束后，正房妻子便开始以一种有力的语气开始滔滔不绝地对小妾进行类似歌谣式的谩骂：你要是生不出孩子的话就把你当佣人使唤、因为你是小妾，别痴心妄想着吃好的穿好的；虽然这些话都特别刻薄、难听，但小妾只能一言不发地听着❷”。这种纳妾的仪式无疑确立了正房妻子和小妾之间的身份差异。但对小妾来说，这也是其获得相应的身份的重要程序。

不过，香坂顺一也说，在当时，这样的仪式也仅限于男子因无后而纳妾的场合；一般来说，民国时期的纳妾仪式已经逐渐简略化，许多仪程都被省略了。这种变化也一定程度上导致正房妻子失去了自开始就在小妾面前树立权威，彰显自身优越的机会。而这也是导致正房妻子和小妾的关系、地位差距越来越模糊的重要原因，是值得我们注意的。在这种背景之下，民国时期社会上出现了变化，妾的身价不断下降、蓄妾阶层也逐渐扩大。

## 三、妾的身价

虽然没有关于蓄妾数量的确切数据统计，但一般来看，中国南方地区妾的数量要多于北方。例如，在20世纪30年代初的广东省河南地区只有3200户人家，

---

❶ 曹禺．北京人（1941-12）［M］．收录于：曹禺选集［M］．人民文学出版社，1978．

❷ ［日］香坂顺一．広州の納妾［J］．民族台湾3-11，1943-11．

但小妾的数量却多达 1070 人。也就是说，基本每三户人家就有一个小妾。❶ 奥尔加·朗（Olga Lang）在 1935—1937 年进行的调查结果显示：❷ 在中国近代化的城市地区，有 11% ~15% 左右的高中生或大学生的家里有妾，当然这也与其家庭经济状况有关；从大学毕业生纳妾的比率来看，接受新式教育的人和没有接受新式教育的人在纳妾比率之间存在的差距并不大，前者为 10%，后者为 16%。在奥尔加·朗（Olga Lang）看来，后者首要的理由还是家族的存续。但那些接受新式教育的人纳妾则是为了摆脱包办婚姻的桎梏，并同时避免离婚所带来的麻烦，所以这些男人往往会另找一个新的恋爱对象。也就是说，这些在父母强迫之下接受包办婚姻的男性们，往往会将妻子留在乡下，自己再依据个人意愿另寻“妻子”。而上文提及的 10% 的比率也包含了这种因自由恋爱而结婚的“妻子”（法律地位上是妾）。实际上，随着时代的变化，纳妾的男性也在逐渐减少。

和南方地区相比，中国北方农村地区的蓄妾数很少。据 20 世纪 40 年代初的调查实录——《中国农村惯行调查❸》所述，一个村里大约只有 1 ~5 户人家里有小妾，从整体来看，其比例仅在 1% ~2% 之间。但调查结果显示，其对蓄妾的观念依旧十分守旧，这些被调查的农民中，不纳妾的原因基本都是经济条件不允许。

对那些属于经济富裕阶层，能够让小妾过上十分奢侈生活的男性来说，其纳妾的实态相对更加复杂。就小妾的价格（身价）来看，虽然有因为男性的经济实力和妾的商品价值，使得妾的身价高得离谱的个别现象，但普遍来看，基本都是以十分便宜的价格买入的。

就未婚女性的身价来看，据中国台湾作家谢雪红所著的《我的半生记》❹ 里

---

❶ 经济资料第 12 卷 3 号支那の社会組織［M］. 東亜経済調査局経済資料，1926：26 ~27. 此外据 1925 年在潮州凤凰村所进行的调查结果显示，182 户中约有 14 户（7.7%）有小妾。（［美］葛学溥（D. H. Kulp）Country Life in South China：The Sociology of Familism［M］. Bureu of Publications，Teachers College，Columbia University，1925：118.）

❷ ［美］奥尔加·朗（Olga Lang）中国の家族と社会 II［M］.［日］小川修，译. 岩波书店，1954：38 ~49.

❸ 中国農村慣行調査［M］. 第一卷 ~ 第六卷. 岩波書店，1977 ~1983.

❹ 谢雪红. 我的半生记［M］. 台湾，杨克煌编·出版，1997：117.

记载，她在12岁时以160元的价格被卖作童养媳（1913年），又以320元的价格被赎身为妾（1918年）。而且，据1922年的上海新闻记载，曾有这样一个诉讼案例：以310元的价格买进一个婢女（女奴隶）为妾，却不慎让其跑掉，所以将其告上了法庭。❶ 此外，《中国农村惯行调查》在河北省顺义县进行采访调查时，其结果显示，当地未婚女性被卖做妾的价格一般在400～500元左右。伴随着物价上升，当时结婚的婚礼花费也提高到原来的1.5倍，所以这个金额和20世纪20～30年代的300元差不多。而且据老舍的小说《老张的哲学》❷（1926年）记载，出了名的小气鬼“老张”以500元的价格买了两名小妾。茅盾的小说《小巫》❸（1932年）也讲述到凌姐是一个十五六岁左右的商场售货员，以300元的价格被他人买为小妾，当时也没有进行什么仪式，而且之后的生活十分悲惨，连基本的化妆品都买不起。

就已婚女性卖身为妾的身价来看，小说《为奴隶的母亲》（1930年）就曾记

---

❶ 一周间的妇女消息［J］．妇女评论第49期，1922－7－12. 了解当时各地的女性的生活、劳动现状，可参考《妇女评论》第1～104期（1921－8～1923－8）的《妇女生活调查》、《社会调查》、《一周间的妇女消息》等。本书主要参考了其中的第22、42、45、52、59、63期，以及郑永福、吕美颐．近代中国妇女生活［M］．河南人民出版社，1993：305～306. 对被称为“婢女”的女奴隶进行补充说明。在旧社会的女佣人中，大多都是通过买卖所获得的“婢女”。在其卖身契约中，既有世代为奴的红契，也有仅限一代为奴且可赎身的白契。虽然法律上禁止人身买卖，但和蓄妾一样，现实中依然广泛存在。由于婢女难以拒绝主人的性要求，所以她们后来大多都成为主人或家里其他男性的小妾。此外，婢女到了适婚年龄，其婚事一般都由主人决定。例如广为人知，十分有名的赛珍珠（PEARL S. BUCK）的小说《大地》（1931），故事以主人公王龙在豪华的祖宅当地富豪家中迎娶新娘的场面拉开序幕。而嫁给王龙的正式自十岁开始就被卖进这个富豪家的婢女“阿兰”。因为长相丑陋，所以家里的老爷和老爷的儿子们连看都不愿多看她一眼，就连男性下人都不愿同她亲近。所以只得将其嫁给农民王龙。除此以外，巴金的小说《家》（1933）中的凤鸣、林徽因《文珍》（1936）中的文珍等，也都有着相似的命运。而关于这些婢女的身价，以明清时期的《醒世姻缘传》的叙述为例，一个婢女以18两银子的价格被买进，在工作八年后，又以8两银子的价格嫁给了一个屠夫为妻。第55回还记述到，当时一个年满18岁的中级婢女的价格为24两银子。

❷ 老舍．老张的哲学［J］．小说月报17－1～17－12，1926－7～12. 此外老舍．骆驼祥子［J］．宇宙风25～48号，1936－9～1937－10. 也讲述了一个类似的故事。小福子被一个军人以200元的价格买回家做妾。而那个军人每换一个驻扎地就要换一个小妾。那些被抛弃的小妾的身价就更低了。小福子在10个月之后又回到了家里。

❸ 茅盾．小巫［J］．读书杂志2－6，1932－6. 此外还可参考杨刚〈恒秀外传〉（1941）中的故事：恒秀以300元的彩礼嫁给了地主家的疾病缠身的儿子，其后不满一年丈夫便过世了，公公又打算以三四百元的价格将其卖出去。（杨刚文集［M］．人民文学出版社，1984.）；杨绛的《鬼》虽然是1977～1980年期间的创作作品，时代背景为1932年，贞姑娘以300元的价格被卖给王家当妾（杨绛作品集［M］．中国社会科学出版社，1993.）

述过一个30岁左右的人妻以150～200元的价格卖与他人为妾的故事（最终没能达成）。据《中国农村惯行调查》记载，在山东省历城县，一个农民在20世纪30年代初的时候从一个贩卖妇女的男人那里，以200元的价格买进了一个24岁的已婚女性，又在40年代初的时候，从中间人那里买进了一个别县的小妾，小妾的娘家人和那个中间人各得了100元。而且，在河北省栾城县，一个农民以100元的价格买进了一个曾是小妾的18岁女子，因为没有经过中间人，是直接和这个小妾的父亲进行的交易，所以价格相对便宜。

虽然因地区和时代不同，小妾的身价也不尽相同，但是民国时期小妾的价格一般在300元左右，有过婚史的女性则价格减半，如果之前就是小妾，其身价更低。就当时女性的劳动收入来看，在20年代初的北京，侍女一个月的工资在2～3元左右，乳母在5～8元左右，即使是一名工作熟练的女性工人的月工资也不过10元左右而已，可以说当时女性劳动力的工资是十分低廉的。对于那些贫穷的家庭来说，300元已经是一笔巨款了。但在当时贫富差距悬殊的中国，作为买方的上层阶级则不以为然，不要说买小妾的钱了，就是平时的交通费和日常开销就得高出平民阶层不少。据茅盾的小说《子夜》❶所述，医投机失败而身败名裂的冯云青当时在上海的每个月的生活费在1000元左右，就连女儿两三天的零花钱也高达100元，所以对这些上层社会的人来说，小妾只不过是一种十分廉价的"商品"。而且在民国时期，中层阶级一个月的工资也有200～300元，所以对于他们来说，小妾也是"买得起的"。❷从民国时期的小说来看，可以发现只要是稍稍富裕的男性几乎都纳妾，纳妾已经不是只有富豪们才可以有的行为了。

为了进一步说明小妾的价格低廉，将对妾的主要供给地——农村地区的情况进行进一步阐述。一般来看，中国农村的贫困是从20世纪30年代，世界恐慌的

---

❶ 茅盾．子夜［M］．开明书店，1933．

❷ 为了便于理解，再次对当时知识分子的工资简单介绍，以作参考。1912～1919年，鲁迅当时是教育部的职员，月工资约在300元左右。后来进入中山大学任教，月工资涨至500元左右。茅盾于1916年初任商务印书馆编译所的工作时，月工资为24元。三年后，工资加上其他收入，每个月工资约为100元左右。此外，20世纪20年代初，老舍虽然是底层职员，但月工资却破格升至100元。后来于1922年进入南开中学任教，月工资为50元左右。就女性来看，庐隐在20年代初从北京女子高等师范（大学）毕业后，进入安徽宣城的一所中学任教，月工资约为120元。王莹于1928年左右毕业于护士学校，于14岁时进入上海浦东的一所省立小学任教，作为甲等教师，月工资为22元。以上资料出自《鲁迅日记》《我走过的道路》《老舍事典》《庐隐自传》《宝姑》。

浪潮开始入侵中国之后才越来越严重的。但有些研究学者认为，在此之前的20世纪20年代，中国农村地区就已经开始踏上贫困化的道路。❶ 在农村地区，经常会有因为饥荒而卖女的情况发生，而这种情况下女儿的价格一般都十分低廉。老舍的《老张的哲学》的时代背景就是20个世纪20年代初，这部小说描绘了老张劝人买妾的场景，其说道“幸好现在女子的价格大跌”。这也反映出了当时的状况：由于受到1918—1924年间全国各地连年洪水和旱灾的影响，卖女儿的农民增多，妾的身价大幅度下降。

进入20世纪30年代后，由于全世界范围内的战争恐慌的影响、以及国内国共两党内战和抗日战争的影响，农村经济几近破产状态。正如本书第四章在对寡妇的强制再婚进行论述时所介绍的那样，在山西省兴县，女性的价格基本是每增1岁涨10块钱，在抗日战争开始后其价格则又进一步下跌。一般情况下，嫁女儿的花销要高于男方给的彩礼钱，但在十分贫困的阶层中则无条件做到如此。因此婚姻往往带有浓厚的买卖婚姻的色彩。这种连基本的体面都保不住的嫁女和将女儿卖为小妾的行为基本无异，因此，民国时期小妾的身价的低廉和中国农村地区的贫困化现象是密不可分的。

为了方便理解，提供一定的对照参考，将对之前推断出的民国时期的小妾的身价——300元，和明清时期的小妾的身价进行对比。

清朝时期（1644—1911年）的小妾身价如下所示（货币单位为银两；1两银子换算为1元钱）：小说《儒林外史》（18世纪初）中记述了一位当时十分富有的盐商企图以500两银子的价格骗娶贡生的女儿为妾的故事；《浮生六记》（19世纪末）中也讲述了这样一个故事：主人公的妻子想把艺伎的女儿买下给丈夫作小妾，却被一个有权势的人以1000两银子的价格买走，而主人公也被劝说以五百两银子的价格买艺船上的艺伎为妾。作为真实的案例，据那个年代的买卖契约的史料上所示，17岁的女孩卖了600两❷，15岁的女儿卖了200两❸。

---

❶ 关于贫农结婚难的详细情况，可参见：［日］小野和子．中国女性史［M］．平凡社，1978：191．以及［美］朱迪思·斯泰西（Judith Stacey）フェミニズムは中国をどう見るか［M］．［日］秋山洋子，译．劲草書房，1990：84．关于农民的贫困化的详细状况也可参考此书的74～75页。

❷ ［日］仁井田陞．支那近世の劇曲小説に見えたる私法［M］．（中田先生還暦祝賀法制史論集［M］．岩波書店，1937：457．）参考清朝文书书写形式文集中的买妾文书。

❸ 施永南．纳妾纵横谈［M］．132．（前注3）

进一步追溯到明朝的话，据小说《醒世姻缘传》（明末清初17世纪中叶）记载，一个太监曾以八百两银子的价格买进了一个未满20岁的妓女为妾（第13回），一个当铺的老板以100两银子的价格买入了一个不满20岁的妓女（包括作为中间人的女性在内）（第40回）。而且据《金瓶梅》（第86回）所载，在西门庆死后，小妾潘金莲又以100两银子的价格卖与他人为妾。此外，据其他资料记载，若是未婚的黄花闺女，价格则为1000两银子；若是妓女，价格则为800两银子；若原本就是小妾，价格则为80两银子；若是人妻，价格则为40两银子。❶

如上所述，和民国时期一样，明清时期的妾的身价因买方的经济实力、妾的身份（黄花闺女、妓女、妾、人妻、寡妇、婢女）及相貌、年龄等千差万别，从几十两到近千两不等。从以上数据来看，以十七八岁左右的未婚女性为基准，明清时期妾的身价一般在500两银子左右，便宜的话也在200两银子左右。但和民国时期相比，明清时期“未婚的黄花闺女”和“寡妇、人妻、妾、婢女”的身价有天壤之别。而且，妓女之间的身价也有很大差距，这或许是因为当时妓女有高级和低级之分，两者在地位上存在明显的差异。

综上所述，似乎可以推断出明清时期妾的身价略高于民国时期，但基本差距不大。不过，如若考虑到物价的变动，妾的身价实际下降了约五成左右。例如，从银的购买指数的变动来看，如果把民国元年的指数设定为100，在1868年的指数则为200，1900年指数为135，1934年的指数则跌落到了83❷。这意味着从清朝到民国时期，物价上升了2~3倍。同样是300元，和清朝相比，民国时期其实际价值下降了约一半左右。

接下来进一步从庶民阶层（尤其是那些卖女或卖妻的，处于社会底层的人们）来对妾的身价进行探讨。清朝时期下层民众的生活十分清贫，当时的私塾教

---

❶ ［日］仁井田陞．支那近世の劇曲小説に見えたる私法［M］．368~369、458~459.（前注21）

❷ ［日］平山敬三．支那における銀と物価［M］．東亜経済調査局，1936：2~5. 所载：1867~1932年間の支那及び英国における銀の価値和同一时期的美国相比，数据大致也是如此。这段时间前后的具体银的价格变动情况不详。但从货币单位来看，银子和铜钱的标准换算定式——1000文=1贯=1吊=1串，因时期和地区的不同，会有变动。除了东北地区以外，大多数地区都比元便宜10%~20%。本书考虑到此点，以约~元来表示。粗略认为一两银子即为1元即可。参考文献：魏建猷．中国近代货币史［M］．黄山书社出版，1986.

师一年的收入在包餐费的情况下约在40~60两银子左右，那么每个月的基本生活开销也就只有四五两银子左右（如《儒林外史》第44、46回）。《红楼梦》里有这样一个情节，一位农妇得知当时的一户大户人家准备一次宴会就得花费20两银子，十分吃惊地说道，“这可是我们农家一年的花销啊”（第39回）。从中可以得知在农村地区，一家的平均生活费为每个月2两银子左右。再看现实生活中的案例，作家老舍的父亲虽是属于满洲八旗军队的正规兵，但只是最下层的皇城守卫兵，他就靠着一个月3两的例银和一年数次分发的一点粮食养活一家人。而20世纪20年代末到30年代中期，车夫一个月的生活开销在15元左右，巡警一个月的生活费在7~9元左右。据载，当时一位上海男性劳动工人的月收入在14元左右，全家的收入也只有30元，却要养活6口人；❶ 而且农村的一个四口之家的年度花销最低需要260元（平均每月约20元左右）❷。从以上数据来看，对于这些下层社会的民众来说，300元的妾的身价，在民国时期已经相当于他们月生活费的10~20倍。如果是明清时期的价格的话，则是其月生活费的60~100倍左右。也就是说，民国时期，妾的身价确实大幅下跌了。

一般来说，买妾所需的资金都是一次性付清的，所以买方一般都有足够的经济实力来维持妾之后的生活。但明清之后，随着庶民阶层蓄妾现象的普遍化，妾的身价也逐渐下降。一些身价便宜的小妾在被买走之后，会被要求做家务等侍女的工作。如果是正式的纳妾，虽说是形式上的，但妾的身价被叫作“彩礼”，其行为也被称为“娶”。但若不是正式的纳妾，妾的身份地位就十分低下，接近于侍女的地位。❸

---

❶ ［日］小野和子. 中国女性史［M］. 平凡社，1978：158.

❷ 费孝通/戴可景，译. 江村经济［M］. 江苏人民出版社，1986：96. 依据1936年长江流域的农村调查结果，推算出四口之家的金额。车夫及巡警的月工资主要参考：［日］中山时子. 编. 老舍事典［M］. 大修图书馆，1988.

❸ 定宜庄. 清代满族的妾与妾制探析［J］. 近代中国妇女史研究第六期，中央研究院近代史研究所，1998-8：98~99. 记载，清朝满族八旗军队中，满洲旗人买妾的有12例。其中买寡妇或婢女为妾的有8例；买普通女性为妾的有4例：满洲正黄旗包衣佐领旗下一人以90两银子的价格买了一个小妾、正白旗包衣佐领旗下二人分别以90两和120两银子的价格买了一个小妾、正黄旗满洲佐领旗下一人以350两银子的价格买了一个小妾。当时的小妾大都是从北京的破产农户家买进的，而买妾的大都是普通士兵。以上事例在中国社会属于带有一定特殊性的案例，所以在本书原文中没有列举出来。但可以看出，伴随着买方的地位下降，小妾的身价也越来越便宜。

## 四、妾的变形“典妻”——柔石的《为奴隶的母亲》

柔石的《为奴隶的母亲》❶（1930 年）是民国时期著名的文学作品。这一作品中也涉及了“妾”的问题，但更准确地说，书中所描述的“妾”是妾的变形的一种形式——“典妻”——丈夫将自己的妻子以妾的身份借与他人，替他人生子。但和妾不同的是，这种“典妻”是有期限限制的短期行为。虽然“典妻”的风俗在全国范围都有看到，但这种习俗主要盛行于浙江、安徽、福建、湖南等南方地区。这既是农村贫困所衍生出的女性压迫的典型，也是使得妾的身价下跌的一大原因。据《近代中国妇女生活》❷ 所述，“典妻”的风俗早在宋元时期就已存在，清朝及之前的历朝历代都对此明令禁止，但到了民国时期，却没有看到这样的禁令。从民国时期的法律来看，在强迫妻子不贞的情况下，除非妻子自身提出诉讼，否则丈夫及中间人很难受到刑罚。即使提出诉讼，但由于难以取证，所以这样的风俗实际上处于一种放任不管的状态。

所谓“典妻”，是指以妻子为担保的无息借款，直到还清本金，才能赎回妻子。其中也有不需偿还本金的情况，这容易和租赁妻子的——“租妻”混为一谈。而这种情况下，身价往往要低于已婚女性或有婚史的女性卖身为妾的身价。《为奴隶的母亲》（江南，1930 年）的主人公三年被典当为妾的价格为 100 元；许杰《赌徒吉顺》❸（北京，1926 年）中一位女性以 80 元的价格被典当数年为妾；含沙《租妻》❹（江南，1936 年）的主人公以 100 元的价格租与他人为妾半年。此外，1929—1932 年一直待在上海的一位大阪日报的特派日本记者发出了一份相关报告，据其报告所载，在浙江金华一带为期一年的“租妻”价格一般在 30 ~ 100 元左右。❺

---

❶ 柔石．为奴隶的母亲［J］．萌芽 1－3，1930－3. 引用部分为：奴隷となった母親［M］．［日］松井博光．译．（中国现代文学選集［M］．平凡社，1962：15 ~ 16.）的部分译文。

❷ 郑永福、吕美颐．近代中国妇女生活［M］．164 ~ 168.（前注 15）［日］仁井田陞．中国の農村家族［M］．东京大学东洋文化研究所，1952：194 ~ 196. 除了“典妻”、“租妻”外，还有买其他男性的妻子或小妾为妾的“买妻”风俗。就其价格，台静农．蚯蚓们［M］．1927. 记载，买妻加上一个 5 岁男孩的价格一共是 40 元；罗淑．生人妻［M］．1936. 记载，买妻的价格为 30 元。

❸ 许杰．〈赌徒吉顺〉惨雾［M］．商务印书馆，1926.

❹ 含沙．租妻［M］．上海：金汤书店，1936.

❺［日］澤村幸夫．支那現代婦人生活［M］．64.（前注 5）

一般来说，这些花钱租借人妻为妾的男性们大都是下层社会中，没有经济实力结婚的未婚男性；或是妻子无法生育后嗣的中上层社会阶层的男性。后者有时会同时租借数名女性。在正房妻子和妾的身份地位差距越来越小的民国时期，"典妻"和"租妻"的习俗不仅受到了男性的欢迎，就连一直十分介怀小妾存在的正房妻子也十分欢迎和支持。这是由于"典妻"（或租妻）所生的孩子也是丈夫的子嗣，这种"典妻"的形式既能够帮助家族延续香火，而且到期之后"典妻"会被赶出家门，所以不会对正房妻子构成太大威胁，给其带来了一定的便利。

在下层社会，这种风俗之所以流行是因为结婚所需的巨大开销。在社会主义制度确立之前，中国的婚姻并非是登记结婚，而是通过举行婚礼仪式的仪式婚。因此，结婚所需的彩礼金以及各项繁杂仪程的花销是一笔不小的数目，在经济上往往会给下层民众带来压迫感和负担感。经常会有男性因为妻子病死而不得不再婚或是三婚，从而使得自己一生都陷入欠款的牢笼之中。据老舍《柳家大院》[1]（1933 年）所述，当时北京下层民众的结婚彩礼为 100 元（不包含各项议程的开销），而且由毛泽东于 1930 年在江西省兴国县进行的调查结果显示[2]，中农结婚的费用至少是 200 元。这相当于中农一生的资产，从而使得许多人不得不借钱娶妻。1926 年左右，在浙江省诸暨及宁海一带，稍稍富裕的阶层民众的结婚彩礼从数十元到数百元不等，若是严格遵循六礼仪程的话，则需花费 800 ~ 1000 元左右。[3] 因此，在 20 世纪 30 年代初期，贫困阶层中能够结婚的男性不足 10%。童养媳（以数元的价格购得幼女）以及"典妻"风俗的盛行，也反映出当时中国农村地区的残酷现实。可想而知，那些被贱卖的女性之后的人生境遇是多么的悲惨。

柔石的《为奴隶的母亲》中有一位年近五十岁的男子（小说中称之为"秀才"——通过地方举行的院试，获得参加科举考试资格的人），他的妻子虽然生

---

[1] 老舍．柳家大院［J］．大众画报第一期，1933 – 11.

[2] 毛泽东．兴国调查（1931 – 1 – 26）［M］．（毛泽东农村调查文集［M］．人民文学出版社，1982：217.）

[3] 我乡婚俗［J］．妇女周刊第七、九号，1926 – 5 – 25、1926 – 6 – 1. 但就中产阶层来看，以茅盾为例，其在 1919 年结婚时母亲准备了约 1000 元左右以供花销。（我走过的道路［M］．人民文学出版社，1981：174.）

过一个男孩，但在不满一岁时就病死了。自此之后她便生不出孩子。秀才本想着买个妾回来，奈何妻子不同意，最终只得以100元的价格租了一个女子三年为妾。如果这个女性三年内没有生育的话，就将租借期限延长至五年。对于被中间人沈婆骗到这个秀才家做妾的女性来说，这家的主人十分亲和。但其进入秀才家之后，每天都在阴险的女主人的监视之下，过着如同下人一般的生活。之后她生了个儿子（秋宝），她也越来越招秀才喜欢。但正房妻子拒绝了秀才的要求，不同意把她作为正式的小妾迎进家门，三年期满之后就让她把孩子留下，并把她赶出了家门。

因为妻子无后，尤其是生不出男孩，所以犯了“七出”（当时的离婚条件）的第一条，饱受指责。当秀才想要纳妾时，其本来应处于理亏的那一方，但她却凭借着自己作为正房妻子的权威竭力抵抗。这部作品虽然讲述的并不是正式纳妾的故事，但也展现出正房妻子誓死守卫自身地位的姿态。以下引用部分为三年期满之后夫妻二人之间的对话。

> 秀才呢，因为爱子的关系，首先向他的大妻提出来了：他愿意再拿出一百元钱，将她永远买下来。可是大妻的回答是：“你要买她，那先药死我罢！”
>
> 秀才听到这句话，气得只鼻孔出气，许久没有说话；以后，他反而做着笑脸地说：“你想想孩子没有娘……”
>
> 老妇人也尖厉地冷笑着说：“我不算是他的娘么？”
>
> 之后，秀才又将计划修改了一些：他想叫沈家婆来，叫她向秋宝的母亲的前夫去说，他是否愿意再拿进三十元——最多是五十元，将妻续典三年给秀才。秀才对他的大妻说：“要是秋宝到五岁，是可以离开娘了。”
>
> 他的大妻手里捻着念佛珠，一边在念着“南无阿弥陀佛”，一边答：“她家里也还有前儿在，你也应放她和她的结发丈夫团聚一下罢。”
>
> 秀才低着头，断断续续地仍然这样说：“你想想秋宝两岁就没有娘……”
>
> 老妇人仍在后面说：“这个儿子是帮我生的，秋宝是我的；绝种虽然是绝了你家的种，可是我却仍然吃着你家的餐饭。你真被迷了，老昏了，一点儿也不会想了。你还有几年好活，却要拼命拉她在身边？双连牌位，我是不

愿意坐的!”

就妻子所提出的“双连牌位”，现做补充说明。滋贺秀三在其书中参考了其他研究者的报告后指出，“妾仅被其子在个人一代之限内祭祀，却不能作为宗族公共祭祀的对象。在后世与夫一起被计入灵牌并收藏于祠堂的只是正妻”。❶ 但最近的研究指出，在宋朝皇室之中，有生下皇位继承人的妾（妾母）在死后，其牌位和正房妻子的排位一同摆放在宗祠中❷的事例。上述引用部分也表明，当时这个地方有过妾母死后和正房妻子的牌位摆放在一起的事例。这意味着作为非正规家庭成员，本应排除在宗族和祭祀对象之外的小妾，因为身为继承人的生母，在死后成为宗族成员并得到了社会的认可和容许。因为在分家、进行财产分割时，嫡子和庶子基本没有差别，所以对于不受法律保护的小妾来说，子嗣的有无是事关其一生保障的重大事情。而“双连牌位”也说明，一旦诞下继承人，妾在家庭中就能获得相应较高的地位。

“秋宝是我的”这句话表明“对于自己的孩子，小妾没有优先监护权（亲权），掌握这种权力的往往是嫡母（正房妻子）而不是生母（小妾）”。❸ 在法律上，不仅是男性后嗣，但凡是小妾的孩子都被视为是正房妻子的孩子。秀才的妻子之所以这样说，是在强调小妾的孩子就如同自己的孩子一样，她作为正房妻子，对于小妾的孩子，无论是管教还是教育，以及成年之前的财产管理上，她都有相应的权利和义务。秀才的妻子将秋宝视为自己的孩子，让秋宝称自己为“母亲”，叫他的生母为“婶婶”，并不仅仅是因为这个“典妻”在三年年满之后会离开家里，而是在行使自己作为正房妻子的正当权利。而这些蓄妾制之下最大的被害者就是这些小妾的子女，他们不得不称呼自己生母最恨的人为“母亲”。❹

在民国时期，正房妻子和妾的身份地位差距不断缩小，那些诞下继承人的小妾越发成为正房妻子的巨大威胁。秀才的妻子之所以顽强抵抗，不愿意将那个

---

❶ ［日］滋贺秀三．中国家族法の原理［M］．553．（前注1）

❷ ［日］秦玲子．宋代の皇后制からみた中国家父長制［M］．（アジア女性史　比較史の試み［M］．林玲子、柳田節子，監修．明石書店，1997．）

❸ ［日］滋贺秀三．中国家族法の原理［M］．438．（前注1）

❹ 但与此相反，如《红楼梦》中的探春（贾宝玉之父贾政之妾之女），认为自己的身份高于生母，十分积极的亲近夫亲和正房太太。但无论哪种情况，都是由于家族内部关系畸形所导致的。

“典妻”作为小妾正式迎进家门，三年年满之后便立即将其赶出家门，也不只是出于对那个“典妻”的嫉妒，更是对这一时代趋势的反映。

## 五、正房妻子和妾的地位逆转——凌叔华的《一件喜事》、杨刚的《黄霉村的故事》

民国时期，过去严格的上下关系逐渐瓦解。正房妻子和妾的实际身份地位差距逐渐缩小，如同姐妹关系一样，正房妻子被赋予的法律和经济地位——“妻子的权威”，也逐渐形式化。在形式上，正房妻子在家族中确实仍处于妻子的地位，但越来越多的小妾所掌握的权力超过其正当范围。

接下来将围绕两位女性作家——凌叔华（1900—1990年）、杨刚（1905—1957年）的作品，对民国时期正房妻子和小妾的关系进行概述。凌叔华的父亲过去是当时的政府高官——直隶布政使，有五房小妾。而她的母亲就是第四夫人。她的母亲出身世家，是在病体羸弱的正房妻子的强烈愿望下才嫁入凌家的。但在结婚后不久，她的母亲才得知之前还有一位已经去世了的二夫人。而此时，她的父亲又突然领进家一位三夫人，就连正房妻子也不知情。她的母亲也是在那个时候才得知自己是第三房小妾（也就是四夫人）。在结婚前约定好的，在正房妻子去世之后就将她的母亲扶为正房妻子的条件也不了了之，尤其是在三夫人生了个儿子之后，只生了女儿的她的母亲的日子就越来越不好过。杨刚的母亲虽说是正房妻子，还给家里生了个儿子，但杨刚的父亲只带着小妾一起去外地工作的地方，所以同样也诞下男孩儿的小妾一直在她的母亲面前彰显自身的优越。杨刚的母亲一生都只是在家乡侍奉杨家的一大堆亲戚和自私、性情暴躁的婆婆。那个小妾原先是父亲买来的婢女，生性急躁、极端，在其得知杨刚的父亲又向她的婢女下手并使其怀有身孕时，狠狠地打了那个婢女一顿，之后还将那个婢女卖到了很远的地方，逼迫其把孩子打掉了。杨刚9岁时就离开了生母，为了去私塾上学，不得不和这个小妾及一个同父异母的兄弟一起生活10年。凌叔华和杨刚自小便深知生母的悲惨，在其成长历程中早已对正房妻子和小妾间的斗争深有体会。

凌叔华的《八月节》❶（1937 年）是一部带有极强自传式色彩的短篇小说，描绘了众多小妾之中唯独诞下男嗣的三夫人飞扬跋扈的神情和姿态。通过三夫人的侍女责骂主人公（四夫人的女儿）和五夫人的女儿时的一番话，反映出了当时，小妾间的权力斗争关系已经渗透到其孩子和下人之间的社会现实。

以下引用部分是两个下人正在讲述正房妻子过世前后样子的场景。三夫人原来是妓女，但在诞下男子之后深得老爷宠爱，而她也就借此仗势欺人，从不把正房妻子放在眼里，气得正房太太只能偷偷地抹眼泪。正房太太的贴身侍女“张妈”每想到此，就气不打一处来。

> 死的那年，简直更见吃斋念佛了，什么好事她都舍得出钱。可惜她就盼他妈妈生个小子盼来盼去都不对心。许是命，抱怨不得。你瞧，她行一辈子善，到头也没修着一个儿子送终，倒叫三姨太说便宜话还是得借她的儿子打幡。“什么借不借的，人家是正太太！照规矩，像王老太太家那样，姨太太平常能不能上桌子陪老太太吃饭，生了孩子都得叫太太做妈妈，自己的亲娘反叫姨娘”。……“人家那样总像个人家，哪像这里《三国演义》赛的！”

正如以上两个下人间的谈话所示，这个家里的小妾们并没有像同街的王家那样严格遵守传统的规范，妾也没有将自己的孩子交由正太太管教，正房妻子和诞下男子的小妾之间的权力关系产生逆转，纠纷不断。凌叔华的自传式作品《古韵》❷（1953 年）中所收录的《阴谋》，也描绘了正房妻子和小妾之间的身份地位差距的缩小。在这部作品中，大姐（正房妻子的女儿）在丈夫（25 岁）和小妾二人回乡时，对小妾十分温良和善，因此还受到了主人公母亲的表扬。而大姐说：“婆婆常说我太宠她们，她说：‘你对她们太好啦，她们都觉着跟你一样了，记着点，妻妾毕竟不同。’我说我才不在乎呢，只要我认为自己做得对。”这些

❶ 凌叔华．八月节［J］．文学杂志 1－4，1937－8．收录于：花之寺［M］．上海古籍出版社，1997：160～161．

❷ 凌叔华/傅光明，译．古韻［M］．業強出版社，1991：92．这部作品是凌叔华．Ancient Melodies［M］．The Hogarth Press Ltd.，1953．的中译本。本书的相关论述也是基于此书。但就凌叔华的母亲和凌叔华的身份尚存争议，有人认为凌叔华的母亲并非是四夫人，而是三夫人；凌叔华也并不是四姐妹中排行第三（整个家族的女儿中，排行第十），而是最小的。此外，这本书中的《中秋节》《一件喜事》等内容是用英语重新撰写的，和原文内容存在一些差异。所以当本书提及这两篇作品时，主要参考了注（40）和注（43）等作品。

话语也表明，一直以来的严格区分正妻与妾的身份地位的习惯正在逐步瓦解。这时如果关系处得好，可以处得像姐妹一样（现实中是极少的）；相反就会像凌叔华家一样，家族内部的统治权的争斗被摆到明面上来，正房妻子和小妾间矛盾不断。

据最近发表的一篇研究明清时期小妾身份地位差距的论文所载❶，在当时，即使是妾之间也存在身份地位差距。出身世家和娼妓出身或从下人变成妾的情况下，小妾的身份地位存在明显差距。但是在小说《八月节》中，出身世家的三夫人和由妓女赎身为妾的六夫人之间基本不存在身份地位差距。由此可见，在民国时期，不仅是妻妾关系，就连由出身不同所导致的小妾之间的身份地位差距也在逐渐缩小。

凌叔华的另一部作品《一件喜事》❷（1936 年）和《八月节》一样，同样以主人公的视角，描述了父亲的第五个小妾（六夫人）嫁进凌家，举行纳妾仪式那天所发生的事情。纳妾仪式一切都按章程进行，就连叔祖母也出席了。家里面到处都响着鞭炮声，简直就像正月里一样热闹。家里人都盛装出席，迎接这个新嫁进来的小妾。在新嫁进来的小妾说了几句之后，小妾们都一一跪在老爷的面前，笑嘻嘻地祝贺老爷。唯独五夫人的脸上挂着一副饱受打击的神情，还在晚上对主人公说“我简直想死”。虽然主人公还是个少女，不懂五夫人的眼泪是为何而流，但她察觉到从早上开始，年轻貌美的五夫人的脸上就没有过笑容。这个作品通过既和蔼又充满威严的父亲的姿态与跪着的小妾们的神情进行对比，形象生动地勾勒出了蓄妾制的形象——通过多名女性围绕一个男人所展开的斗争来极大提高男性的地位，并不断贬低女性自身地位的体制。

凌叔华天资聪颖、又会画画，所以一直深得父亲宠爱。但自父亲允许五夫人出家之时起，她和父亲的关系便日渐疏远。凌叔华以少女的视角描写了小妾们的

---

❶ 郭松义．清代纳妾制度［J］．近代中国妇女史研究第四期，中央研究院近代史研究所 1996－8．以及 Hsieh Pao－hua．Female Hierarchy in Customary Practice：The Status of Concubines in Seventeenth－Century China［J］．近代中国妇女史研究第五期，1997－8．

❷ 凌叔华．一件喜事［J］．大公报文艺副刊，1936－8－9．收录于：花之寺［M］．（前注 40）日译本为：慶事［M］．［日］芦田肇，译．（丸山升，监修．中国现代文学珠玉選　小説 3〈女性作家集〉［M］．二玄社，2001．）

不幸，虽然在文中避免了对父亲的直接批判，但读者可以体会到凌叔华对于这种造成小妾们不幸的蓄妾制的冷静客观的抗议。

同样，杨刚也是一位自小便十分有才华的女性作家。其父亲也十分认可其才华，并对其抱有较高的期盼。但她却在自传小说《挑战》❶（1944—1948 年）中，对其父女关系做出了如下描述："可是，她对父亲的爱并不是那么平稳的。在她内心深处朦胧地感到她对父亲的爱，意味着是对母亲的不忠实和伤害。"因为她深深感受到生母的悲惨之处，所以对于自己对父亲的爱感到十分不安。通过这部作品也表露出其复杂的心情及其心目中父亲的混乱的形象。在下面的两部作品中，杨刚都讲述了因受小妾威胁而陷入困境的正房妻子的故事。

《爱香》❷（1935 年）中所描绘的正房妻子因为接连生了两个女儿，所以受到丈夫的冷漠对待，就连其身边的下人"爱香"也整日饱受责骂，被克扣吃穿用度，最终使正房妻子的女儿窒息而亡。

> 爱香的女主人名义上是太太，实际上是头上顶了无数磨盘的人。北院的姨太太是老爷的宠者；同时是老太太，那权威的当家人，因为姨太太会生儿子，也把她当作家门福星。因此太太和一切属于她一系统的分子都成了地底下的人物。她的孩子们还没有适当的看顾，她的丫头更是毫无保障。

《金瓶梅》中的正房妻子吴月娘虽然也没生下儿子（西门庆去世的当天生了个儿子），但其正房妻子的地位却丝毫没有受到威胁。无论哪个时代，都有许多恃宠而骄的小妾"穷妾灭妻"的案例。在过去，即使丈夫不爱正房妻子也不得与其离婚，所以正妻在名义上作为正式家庭成员的地位往往能够得到保障。而妾往往社会地位十分低下，再加上家庭成员之间的关系早已由性别、辈分、年龄等因素被严格的界定，丈夫的父母及兄弟姐妹也有对小妾的监视权，所以无论小妾多么受到丈夫宠爱，其在行为上往往有一定的限度，不得为所欲为。但《爱香》中的正房妻子在名义上也失去了其作为妻子的地位，无论是实际上还是名义上，

---

❶ 杨刚/陳冠商，译．挑戦［J］．小说界，1987－4：15．这部作品是 1944—1948 年间《大公报》的记者在美国期间用英语执笔所写的〈The Challenge〉（未发表）的中译本。本书的论述也主要是基于这部作品。

❷ 杨刚．爱香［J］．国闻周报 12－45，1935－11－18．收录于：杨刚文集［M］．人民文学出版社，1984：235。正妻被冷淡的故事还有：林徽因．绣绣［J］．大公报·文艺，1937－4－18．

其地位都居于小妾之下。

而在杨刚的另一部中篇小说《黄霉村故事》[1]（1941年）中，正房妻子因为没有子嗣，所以偷偷买了一个男婴作为自己的儿子，上演了一出假孕的把戏。但事情败露之后，其精神上不断被逼向绝地，最终一气之下杀死了小妾和那个男孩儿。故事从开始就完全出乎人的意料，与传统的模式截然不同。为了躲避战火，婆婆和"妾"带着一双儿女从农村逃到北京来，但没想到的是，家里竟然已经有了一个女性。婆婆对那个女子问道："你什么时候嫁进来的，家里都不知道纳了妾?"但那个女子却坚称自己是正房妻子。"妾"大吃一惊，因为正房妻子死了三年之后自己由婆婆扶正为正房妻子，一直在乡下侍奉婆婆，但抵不过丈夫优柔寡断，而这个城里的所谓的正妻又脾性暴躁，她最终只能被当作妾来对待，她的两个孩子也受到了那个女人的无尽的苛责和辱骂。虽然小妾扶正为正房妻子不需要什么特殊的形式，但总归还是要公开，让人知道的。虽然这个"小妾"被扶正为正妻只是婆婆的口头承诺，但是丈夫不知道自己的妾被扶正，而且还瞒着乡下的母亲和"妾"，一声不吭地娶了个后妻，这样的事情在过去是绝对不可能发生的。由此可见，即使在战乱期间，这种规定着母子、夫妻关系的传统秩序也在不断走向瓦解和灭亡。

每当正房妻子对小妾及其儿子进行辱骂时，小妾的儿子就安慰其母亲说："母亲，不要哭。等我长大了就好了。"而正房妻子最害怕的就是这一点。随着故事的发展，正房妻子越发变本加厉，越发厉害地责骂她。而正房妻子之所以这样做，是因为她十分清楚，家里的天下早晚是这个小妾的，以后自己说不定也会被小妾的儿子冷漠对待。通过杨刚和凌叔华的这几部作品可以看出，小妾们已经不再像过去那样将自己的孩子过继给正房妻子，而是将孩子作为自己一生的保障亲自养育，因此，没有诞下男嗣的正房妻子对此十分不安。

在假孕这场闹剧以失败告终之后，心里失去平衡的正房妻子杀害了小妾及其儿子以及睡在其身旁的婆婆，以此来寻求自己的生路。故事虽然讲述的是一个十

---

[1] 杨刚．黄霉村的故事［M］．（桓秀外传［M］．文化出版社，1941.）收录于：杨刚文集［M］．（前注45）

分极端的事件，即使现实生活中也很少有这种疯狂的正房妻子，但也足以显示出没有男嗣的正房妻子内心的呐喊。

如果说凌叔华和杨刚的作品是基于其自身体验和正房妻子及小妾的状况在其心中的印象所展开描写的话，那么老舍的《柳屯的》❶（1934年）则将妾的出现与父权制的解体联系起来进行了描述。地主老夏家为了生个男丁来继承家业所以想要将柳屯的一个女子纳为妾，这部作品主要描绘了由此而引发的一系列事件，在写作手法上，对柳屯的女人的一些胡作非为、毫无道理的行为进行了夸张。夏夫人生了一个儿子和三个女儿，但不幸的是儿子在10岁时夭折了。柳屯的那个女人在进门之后，便将病体羸弱的夏夫人和她的女儿一起从主屋赶到了西厢房住着，就连公婆也被赶到了牛棚里居住。她还不让周围的人叫她“二嫂”，而是让他们叫她“大嫂”，简直是飞扬跋扈。在老舍的这部作品中，因为小妾的介入，夏家逐渐开始瓦解。在这个柳屯的女人的强大的权力范围中，社会的普遍价值观和儒家伦理道德规范都不再适用。而造成这个女性如此的行为，既有她自身的手段和满脑子的坏主意，也有丈夫的唯命是从和软弱纵容。老舍以其作为作家的眼光，坚定地预言说，社会已经开始朝着另一个方向发展，即使现实生活中出现像柳屯的女人一样的小妾也并不奇怪。

综上所述，民国时期，正房妻子和小妾间身份地位差距的缩小是蓄妾制的一大特色，而这主要表现在在丈夫和正房妻子的双重监视下的小妾的相对地位的提高以及小妾对自己子女的关系的强化。但因为1930年新民法的颁布取消了关于妾的相关条例，所以除了在这场“女性间的斗争”中取得胜利的少数女性外，大多数小妾都失去了长期以来的最低身份保障，仅仅只是作为地下情的对象为男人们所玩弄，再加上经济疲敝所导致的妾的身价的下降，以及中产阶层中蓄妾现象的扩大化和普遍化，可以推测其境遇变得更为不稳定并且悲惨了。而就正房妻子来说，正如杨刚和凌叔华的小说中所描绘的那样，中国式父权制所赋予其的“妻子的权威”正在逐渐下降，而这也导致了妻子对丈夫的发言权的下降。也就是说，正房妻子和小妾在身份地位上逐渐无差别化，使得二者之间的斗争也逐渐表面化，正房妻子和小妾不得不在同一水平线上争夺丈夫的宠爱，较量诞下男丁

---

❶ 老舍．柳屯的［J］．东方杂志31－10，1934－5.

的数目，逐渐进入一种弱肉强食的竞争环境。这一系列的变化表明，伴随着传统的家族制度的瓦解，其中巧妙存续的蓄妾制也开始出现破绽，走向消亡。但换个角度来说，以上现象也意味着女性对于男性的武装解除，也表明对于女性的压迫越来越露骨，呈现出一种呼之欲出、愈发表面化的状态。

## 六、对民国时期的蓄妾制的批判——谢冰莹的《离婚》

进入民国时期，批判包办婚姻、提倡恋爱和婚姻自由的呼声越来越高。与之相随，对于蓄妾制的看法和态度也在不断变化。1927 年，潘光旦针对蓄妾制对以高中生和大学生为主的青年男女——接触小妾的机会较多且属于经济较为富裕的阶层的人们——进行了社会调查❶。调查结果显示，将近八成的人赞成“无论任何理由都不应纳妾”。在长期的历史传统中，就中国社会来说，即使正房妻子诞下男嗣，纳妾也是理所应当的，所以这一数字也确实彰显了人们对于纳妾的看法和观念的转变。而且，妾的生存环境的变化以及对蓄妾制看法的改变也反映到了当时的文学作品中。例如，清朝沈复的《浮生六记》中十分自然地描绘了这样一个场景：夫妻二人十分恩爱甜蜜，但妻子却积极地为丈夫寻觅合适的小妾，丈夫也对妻子的善解人意十分感谢。但在五四运动之后，便很少有作家在作品中描绘类似的场景了。

欧阳予倩的戏曲《泼妇》❷（1922 年）主要讲述了一位年轻妻子因不满丈夫纳妾而要求和丈夫离婚，并帮助小妾实现自我解放和独立的故事。或许是受五四运动浪潮的影响，在民国时期的众多作品中，这部作品最单纯、直接地表达了对蓄妾制的批判。欧阳予倩通过五四时期提出的新的思想模式来对传统的蓄妾制说不。

---

❶ 潘光旦．中国家族问题［M］．新月书店，1928. 基于 1927 年 6 月《时事新报》副刊《学灯》报上刊登的问卷调查的分析。引用部分为：潘光旦文集第一卷［M］．北京大学出版社，1993：115～116. 此外，1912 年初，针对浙江一带的 160 名学生所进行的就蓄妾看法的调查（陈鹤琴．学生婚姻问题的研究［J］．东方杂志 18－5，1921－3－10.）结果显示：不纳妾的有 121 人（81.76%），认为纳妾也无妨的有 17 人（11.49%）。这项调查结果也与潘光旦的调查结果基本一致。在认可纳妾行为的人中，大多数都认为如果正房妻子没有诞下男嗣的话才可以纳妾。现实中，这一比例也远远高于正房妻子诞下男丁仍要纳妾的比例。

❷ 欧阳予倩．泼妇［M］．1922. 收录于：欧阳予倩文集［M］．中国戏剧出版社，1980.

谢冰莹的《离婚》❶（1936年）描述了因丈夫纳妾，一位妻子向丈夫提出离婚诉讼，并为之而做出的艰苦斗争。这部作品首次以女性解放的视角，从正房妻子的立场对蓄妾制进行了批判。这部小说的精彩之处在于它十分深刻地刻画了当时女性提请离婚诉讼所面对的重重困难。但从本章的蓄妾制的角度来看，这其中展现出来的是夫妇二人对蓄妾看法的差异、女性观的差异。因为是自由恋爱结婚，所以妻子一直以为丈夫也是一个有新思想的青年。但不曾想，丈夫在奔赴抗日前线之后，却悄悄纳了妾。丈夫对此还振振有词，说："在中国，一个男人娶上两三位太太，是平常的事情，如今我还只有你和她，有什么可吵闹的呢？最好你能和她合作，住在一起，大家既省钱，又省事，多么快乐。"但是经历过离婚诉讼，思想已经成熟的妻子却说："我要替无数被压迫的妇女出一口气，我决不许国强一夫多妻，我要始终反对这种不合理的，不人道的非法婚姻……我是人，是一个有生命的活人，我难道真能做一辈子傀儡吗？他知道要求自由，要求人生的快乐，那么我呢？难道我就不需要自由，不需要人生的快乐吗？"它从女性解放的视角，通过女性对自我实现的追求批判了当时的蓄妾制。夫妻二人之间的女性观存在巨大差异，丈夫的女性观仍然处于前近代时期对女性盛气凌人、趾高气扬的状态，而妻子已经超越了近代时期，开始走向现代女性观。后来，妻子单方面地在报纸上刊登了离婚宣言，最终成功解除了和丈夫的婚姻关系并取得了两个孩子的抚养权。通过女性内部的反抗，在中国存续千年的蓄妾制终于出现了裂缝，开始走向瓦解。伴随着社会主义革命所带来的传统家族制度的解体，中国蓄妾制也随之消失，但对于支撑这种制度的性别歧视的抗争才刚刚拉开序幕。

---

❶ 谢冰莹．离婚［M］．1936. 收录于：赵清阁，主编．无题集［M］．上海晨光出版公司，1947：38、56. 和老舍．离婚［M］．1933年．相比，这部作品更富于趣味性。老舍作品中所描绘的正房妻子，在丈夫想要纳妾时同样也表现出了不满和愤怒。但主要是由于丈夫本应是属于自己的东西，却被其他女人给夺走了。她也从未对蓄妾制进行质疑和批判。由此可见，两部作品中所刻画的正房妻子在对女性的思想观念上存在巨大差距。

# 参考文献

（日本发行・按作者姓名五十音顺序）

[1] 青木やよひ. 母性とは何か［M］. 金子书房，1986.

[2] 秋山洋子，編訳. 中国女性［M］. 东方书店，1991.

[3] 秋山洋子等，編訳. 中国の女性学［M］. 劲草书房，1998.

[4] 安西笃子、中野美代子、笕久美子. 国をゆるがす女たち［M］. 讲谈社，1998.

[5] 伊斯门（Lloyd E. Eastman）/上田信、深尾叶子，訳. 中国の社会［M］. 平凡社，1994.

[6] 上野千鶴子. 家父制と資本制［M］. 岩波书店，1990.

[7] 弗吉尼亚・伍尔芙（Virginia Woolf）/村松加代子，訳. 私ひとりの部屋［M］. 松香堂，1984.

[8] 江原由美子，编. フェミニズム論争［M］. 劲草书房，1990.

[9] 大塚胜美. 中国家族法論［M］. 御茶水书房，1985.

[10] 冈田英弘，小堀桂一郎，编. 家族——文学の中の親子関係［M］. PHP研究所，1981.

[11] 小野和子. 中国女性史［M］. 平凡社，1978.

[12] 小野和子. 五四時期家族論の背景［M］. 同朋舍，1992.

[13] 加纳美纪代，编．女性と天皇制［M］．思想の科学，1979.

[14] 朱丽娅·克里斯蒂娃（Julia Kristeva）/丸山静等，译．中国の女たち［M］．セリか书房，1988.

[15] 佐佐木卫，等．中国の家庭·郷村·階級［M］．文化书房博文社，1998.

[16] 泽村幸夫．支那現代婦人生活［M］．东亚研究会，1932.

[17] 滋贺秀三．中国家族法の原理［M］．创文社，1967.

[18] 下见隆雄．孝と母性のメカニズム［M］．研文出版，1997.

[19] 朱晓平/杉本达夫，译．縛られた村［M］．早稲田大学出版部，1994.

[20] 朱迪思·斯泰西（Judith Stacey）/秋山洋子，译．フェミニズムは中国をどう見るか［M］．劲草书房，1990.

[21] 濑地山角．東アジアの家父長制［M］．劲草书房，1996.

[22] 竹内好编．中国現代文学選集　第七卷［M］．平凡社，1962.

[23] 张爱玲/池上贞子，译．傾城の恋［M］．平凡社，1995.

[24] 张萍．中国の結婚問題［M］．新评论，1994.

[25] 张萍，编．中国の社会病理［M］．亚纪书房，1997.

[26] 东亚研究所第六调查委员会，编．中国農村慣行調査［M］．第一卷~第六卷，岩波书店，1997~1983.

[27] 南希·乔多罗（Nancy Chodorow）/大塚光子、大内菅子，訳．母親業の再生産［M］．新曜社，1981.

[28] 仁井田陞．「支那近世の劇曲小説に見えたる私法」中田先生還暦祝賀法制史論集［M］．岩波书店，1937.

[29] 仁井田陞．中国法制史［M］．岩波书店，1952.

[30] 仁井田陞『中国の農村家族』（东京大学东洋文化研究所 1952）

[31] 玛丽安·赫什（Hirsh Marianne）/寺沢みつぼ，译．母と娘の物語［M］．纪伊国屋书店，1992.

[32] 桥本万太郎，编．漢民族と中国社会［M］．山川出版社，1983.

[33] 桥本满、深尾叶子，编译．現代中国の底流［M］．行路社，1990.

[34] 林玲子、柳田节子，监修．アジア女性史——比較史の試み［M］．明石书店，1997.

[35] 早瀬保子，编．中国の人口変動［M］．アジア经济研究所，1992.

[36] 潘允康/園田茂人，监译．変貌する中国の家族［M］．岩波书店，1994.

[37] 费孝通，著．横山广子，译．生育制度——中国の家族と制度［M］．东京大学出版会，1985.

[38] 韩丁（原名：威廉・辛顿 William Hinton）/加藤祐三等，译．翻身［M］．Ⅱ，平凡社，1972.

[39] 丸山升，监修．芹田肇，主编．中国現代文学珠玉選　小説 1［M］．二玄社，2000.

[40] 丸山升，监修．白水纪子，主编．中国現代文学珠玉選　小説 3〈女性作家集〉［42］．二玄社，2001.

[41] 沟口雄三等．中国という視座［M］．平凡社，1995.

[42] 三谷孝，编．中国農村変革と家族・村落・国家——華北農村調査の記録［M］．汲古书院，1999.

[43] 南满洲铁道股份有限公司总务部调查科，编．支那における家族制度［M］．满铁调查资料第 73 编，1928.

[44] 南满洲铁道股份有限公司东亚经济调查局，编．支那の社会組織［M］．经济资料第 12 卷第 3 号，1926.

[45] 宫崎孝治郎，编．新比較婚姻法［M］．劲草书房，1960.

[46] 柳田节子先生古稀纪念编辑委员会．中国の伝統社会と家族［M］．汲古书院，1993.

[47] 山下悦子．マザコン文学論　呪縛としての〈母〉［M］．新曜社，1991.

[48] 山下威士、山下泰子，监译．中国の女性——社会的地位の報告書［M］．尚学社，1995.

[49] 奥尔加・朗（Olga Lang）/小川修，译．中国の家族と社会Ⅰ［M］．岩波书店，1954.

[50] 胁田晴子，编．母性を問う上・下［M］．人文书院，1985.

[51] 渡边和子．フェミニズム小説論［M］．拓殖书房，1993.

（中国发行・按作者姓名拼音顺序）

[1] 白舒荣．十位女作家［M］．群众出版社，1986.

[2] 鲍晓兰，主编．西方女性主义研究评价［M］．三联书店，1995.
[3] 陈达．现代中国人口［M］．天津人民出版社，1981.
[4] 费孝通．乡土中国生育制度［M］．北京大学出版社，1998.
[5] 费孝通，著．戴可景，译．江村经济［M］．江苏人民出版社，1986.
[6] 胡连芳，主编．中国妇女问题调查报告与论文选集［M］．中国社会出版社，1996.
[7] 黄英．现代中国女作家［M］．北新书局，1931.
[8] 贾鲁生，等．性别悲剧［M］．今日中国出版社，1995.
[9] 江西省妇女联合会、江西省档案馆编．江西苏区妇女运动史料选编［M］．江西人民出版社，1982.
[10] 李小江，等编．性别与中国［M］．三联书店，1994.
[11] 林纯业、张春生．中国的寡妇［M］．国际文化出版公司，1993.
[12] 刘世杰、刘亚林．离婚审判研究［M］．重庆大学出版社，1998.
[13] 刘思谦．“娜拉”言说——中国现代女作家心路纪程［M］．上海文艺出版社，1993.
[14] 鲁娃，等．悲剧性别——八十年代妾在中国［M］．中国新闻出版社，1988.
[15] 孟悦，戴锦华．浮出历史地表［M］．河南人民出版社，1989.
[16] 民商事习惯调查录［M］．司法行政部编、出版，1930.
[17] 闵家胤，主编．阳刚与阴柔的变奏［M］．中国社会科学出版社，1995.
[18] 潘光旦．中国家庭问题［M］．新月书店，1928.；潘光旦文集［M］．第一卷，北京大学出版社，1993.
[19] 瞿同祖．中国法律与中国社会［M］．商务印书馆，1947.
[20] 阮新邦，等．婚姻、性别与性［M］．八方文化企业公司，1998.
[21] 沙吉才，主编．中国妇女地位研究［M］．中国人口出版社，1998.
[22] 盛英．二十世纪中国女性文学史上·下［M］．天津人民出版社，1995.
[23] 盛英．中国女性文学新探［M］．中国文联出版社，1999.
[24] 施永南．纳妾纵横谈［M］．中国世界语出版社，1998.
[25] 苏冰，魏林．中国婚姻史［M］．文津出版社，1994.

［26］王招玺. 小妾史［M］. 上海文艺出版社，1995.

［27］吴德清. 当代中国离婚现状及发展趋势［M］. 文物出版社，1999.

［28］闫纯德. 作者的足迹［M］.（正）、（续），知识出版社，1983、1988.

［29］赵凤喈. 中国妇女在法律上之地位［M］. 上海商务印书馆，1928.

［30］郑晓瑛，主编. 中国女性人口问题与发展［M］. 北京人民出版社，1993.

［31］郑永福，吕美颐. 近代中国妇女生活［M］. 河南人民出版社，1993.

［32］钟佩娟，主编. 婚姻法新释与例解［M］. 同心出版社，2000.

［33］中国民事习惯大全［M］. 广益书局，1924.

［34］中国性别统计资料 1990 ~ 1995［M］. 中国统计出版社，1998.

［35］中华全国风俗志［M］. 广益书局，1923 - 6、大连图书供应社，1936.

（其他）

［1］D. H. Kulp, *Country Life in South China*: *The Sociology of Familism*［M］. Bureu of Publications, Teachers College, Columbia University, 1925.

［2］Margery Wolf, *Women and the Family in Rural Taiwan*［M］. Stanford University Press, 1972.

［3］Margery Wolf and Roxanne Witke, *Women and Chinese society*［M］. Stanford University Press, 1975.

# 后 记

首先，对于本书的书名中“二十世纪”这一十分宏大的字眼，在被指责这属于挂羊头卖狗肉之前，请先允许我进行说明。这是源于希望尽可能广泛地、综合地探讨中国女性的形象的我的愿望。当然，并不是指本书的内容已经完全覆盖20世纪中国女性的所有内容了。本书作为今后的研究之路的出发点，意在为捋清中国女性的总体形象的研究提供一个轮廓。

作者认为，女性的历史有其独特的时间范围，在和政治或体制变化完全不同的维度中缓慢发展。一般看来，1949年中华人民共和国成立后，近代史的历史到此有了一个分界点。但正如本书正文所述，没有必要因为政治体制的变化，就将女性历史也分割开来看待。基于这样的想法，那么不得不承认，迎接21世纪的新的中国女性的形象是在20世纪女性的基础上继承发展而来的。在谈论从近代到现代的女性生存环境的变化时，20世纪的中国社会所遗留下来的潜在的思想习俗都远超出我们的想象，隐藏至深。这也是我要使用20世纪这一字眼的原因之一。

此外，正如众多作家在介绍或讨论中国的书籍的后记中经常记述的那样，我在撰写过程中也时常忧惧此书会给读者一种过分强调中国阴暗一面的感觉。但当具体分析某些问题时，视点难免会自然转移到中国的残酷现实中去。未能介绍中国女性阳光的、活跃在社会上的一面，对此我深表遗憾。在20世纪的一百年间，中国女性给予了我们巨大的勇气，她们强烈的个性和大胆无畏的言行深深地吸引着我们。本书之所以没有就此进行介绍，特别是本书涉及城市女性的内容较少仅仅是因为我的准备不够充分以及纸张篇幅的限制，并不是因为中国女性不够好。

关于本书的大体构造，是我三年前作为文部省的内地研究员在东京大学东洋文化研究所工作的十个月期间形成的。当时我的计划是在前半年的时间内以“以女性主义的视角重读文学作品”为目标，将能找到的作品都读一遍。一些著名作家的作品，我在大学时代就已经拜读过，但因为之后没有再读过，所以此次重读又有了不少新的发现和收获。现代作家中，像巴金、柔石等过去不曾感兴趣的作家的作品也令我深感魅力十足；鲁迅和老舍的作品就更不用说了，百读不厌。女性作家的作品中，我主要是以最近出版的丛书和作品集为主，其中尤其对萧红和张爱玲的作品爱不释手，两人的全集作品我都拜读了。按照一天一册的定量，无论是醒着还是在睡梦中都沉浸在小说的世界中，不失为一种幸福。即便如此，我所阅读的量也只不过是大量优秀文学作品中的沧海一粟罢了。这段时间的阅读体验对我后来的论文执笔大有助益，也为我的女权主义研究留下了几个重要课题。半年时光转瞬即逝，进入后半期我不得不开始集中搜集资料的工作。所以我阅读的作品仅限于最近发表的作品中自己感兴趣的一部分，竹林、陈染、林白、李昂等人的文集和作品集我大致浏览了一遍，但其他作家基本只读了代表作。因为以上诸多原因，所以本书引用的文学作品存在较重的个人倾向，并不是基于中国现当代的所有文学作品进行的遴选。如果对于作品的理解存在我固有观念的影响或是误解，请大家多多批评指正。

本书使用了许多我所学专业——文学以外的资料，所以在我撰写这篇后记的今日，我对于这部分资料的有效性也深感不安。文学相关的资料都是在理解其思想和局限之后才使用的，但我专业以外的法律、历史、社会学相关的资料，仅找资料就耗费了大量的时间。对于这些书架上罗列的完全不熟悉的书籍，只要有民法、婚姻、女性等关键字，我都拿下来进行了翻阅。现在回想起来，仿佛就像昨日的情景一样。尤其是冬季，图书馆的地下书库里简直比冰箱还要冷。一边忍受这种透心的寒意，一面找寻资料，一旦发现了所需的资料的话，便格外欣喜。但同时，我也深深地体会到，如果是自己的专业领域的话，肯定不会花费这么多的时间和精力，对此深感遗憾。即便是如此辛苦查找到的资料，看，除了我查找、搜集到的资料以外，肯定还有许多更加权威更具料，在本书中没有被使用。对此我也深感不安和惶恐。当然，曾有幸得到领域的一些专家的指导，但据这些专家们说，关于近代寡妇和妾的研究书籍较少，因此，使我深刻体会到只能自己专心搜集资料的现实。虽然我也深知本书中相关资料有所欠缺，但如若本书中有何资料不完备之处，还请各位读者多多指正。

本书收录的文章大都是作者结束了在东洋文化研究所的工作，回到原执教的大学后，对发表于学会杂志或大学、研究所纪要期刊上的论文进行修改、完善后的修改版。在论文发表之际，我收到了来自祖父江昭二、丸尾常喜老师和合山究老师的手写书信，他们对这些论文提出了许多建议和鼓励。当收到这三位的长至几页的手写书信时，我简直如获至宝，十分开心。虽然已记不清在本书的执笔期间，三位提出的建议具体发挥了怎样的作用，但我一定不会辜负三位的好意，而在本书中尚未解决的问题就留作今后的研究课题，今后我还将继续致力于研究事业。在此，还要向各位前辈、朋友所提出来的宝贵意见和感想，表达衷心的感谢。

最后，感谢我研究生期间的导师——丸山升教授，长期以来的指导。当我从研究近代作家茅盾转向女性学研究时，承蒙丸山升老师的暖心话语，让我坚定自己的目标，这于我来说是无上的鼓励。对此，我的感激之情难以言表。

谨以此书敬献丸山升老师！恭祝老师身体健康！

二〇〇一年　初春

白水纪子